開[illegible]ング

公共交通機関で巡る
首都圏日帰り33開運コース

開運ウォーキニスト
高橋志保

はじめに
～健康とご利益の〝二兎〟を追う小旅行

心身の健康と若さをいつまでも保ちたい。誰もが願うことですが、そのためには日々の食事に気を付けるとともに、定期的な運動が欠かせません。しかし、ジョギングやスポーツジム通いなどを始めたとしても、長続きしない方が多いのではないでしょうか。そこでオススメしたいのが、ウォーキングです。ウォーキングは老若男女問わず、容易に始めることができ、習慣化しやすい手軽な運動の一つです。

適度なウォーキングを定期的に行うことで心肺能力が高まり、筋力と骨密度の向上が期待できます。このほかダイエットやストレス軽減といった効果もあります。ただし、そのような効果を得るためには、ただのんべんだらりと歩くのではなく、適切な「歩き方」を保ちながら、ある程度の距離を歩くことが重要です。そこで、その距離を稼ぐためには、モチベーションとなる何かしらの目的が欲しいものです。

ところで、近年は神社仏閣をはじめとするパワースポットを巡るスタイルです。都市の中心部にある寺社だけでなく、山中の祠や滝、巨樹まで、様々なパワースポットを訪問するとすれば、その多くの場合、ある程度の距離を歩く必要があります。

訪れるパワースポットで、しっかりそのご利益を授かることをウォーキングの目的の一つに、その間の歩き方に注意を払うことで健康的な身体の獲得を図る。そして、パワースポットだけでなく、訪問した地域の自然や文物に触れるとともに、食事や買い物も併せて楽しむ。このワクワク感に満ちた小旅行こそが「開運ウォーキング」です。

本書では、ウォーキングの重要な要素である適切な歩き方として、著者が講師資格を持つ「ポスチャーウォーキング®」のメソッドを紹介します。また、知っておきたい神社仏閣に関する基礎知識、そして、関東周辺で著者が特にオススメしたい33コースの歩程を、

ポット巡りがちょっとしたブームです。もともと歴史や寺社、仏像に興味があった著者も、この数年間で関東地域を中心に延べ２０００以上の寺社やパワースポットを訪ね歩いてきました。その基本は、公共交通機関と自分の足とで、１回に複数のスポットを巡るとい

なるべく分かりやすく解説しました。

さあ、健康とご利益の〝二兎〟を追う開運ウォーキングに出かけましょう！

２０２３年　秋

高橋　志保

【表示解説】

交通機関について

本書では、東京都心（新宿駅・東京駅等）から、基本的に公共交通機関を利用して日帰り可能なコースを紹介しています。掲載されている情報は2023年春までのものです。実際に行かれる際には、各交通機関の最新のダイヤや時刻表をインターネット等で確認してください。特に、路線バスや地方鉄道では、平日と土日の本数が大きく異なる場合がありますので注意が必要です。また、ケーブルカーやリフトは、荒天の際に運航休止となる場合がありますから、行先の天気の確認もお忘れなく。

歩行時間／距離について

本書で示される歩行時間は、平地で1キロメートルあたり平均して14分を目安として計算しています。ただし、ハイキングコースや山道、寺社に多く見られる長い石段などについては、著者が実際に歩いた時間を参考表示しています。特に、起伏があり、舗装されていない道では、歩く人の体力や天候等により歩行時間が大きく変わります。また、同じコースであっても歩く場所や訪問する箇所により、距離は変動します。

なお、特別の表示がない限り歩行時間に、お参りや境内散策、食事・休憩の時間は含まれません。バスやタクシーでの移動が伴うコースでは、道路渋滞は考慮されていません。

神社仏閣について

本書で紹介している寺社の情報は、その多くの場合で当地に掲出されている由緒書きをもとにしています。また、ホームページのある寺社においてはそちらの情報も参考にしています。各寺社の拝観時間や拝観料などについては変更のある場合もありますので、必要に応じて事前に確認してください。

また、多くの神社は終日開放されていますが、一般に17時くらいまでに参拝を済ませるのが良いとされていますので、留意してください。

なお、一部の寺社を除き、ペットを伴っての参拝は避けましょう。

Let's Go! 開運ウォーキング　目次

東京都心の開運ウォーキング　オススメ11コース

首都圏日帰り開運ウォーキング オススメ11コース

首都圏日帰り開運ハイキング オススメ11コース

東北自動車道
⑫
中禅寺湖
宇都宮
常磐自動車道
久慈川
前橋
水戸
那珂川
利根川
涸沼
越自動車道
鬼怒川
㉗
霞ヶ浦
北浦
鹿島灘
㉙
荒川
⑬
㉑
⑭
⑮
浦和
⑱
㉝
利根川
東京
犬吠埼
㉖
㉒
多摩川
東関東自動車道
央自動車道
千葉
九十九里浜
鶴見川
東京湾アクアライン
㉚
横浜
東京湾
東名高速道路
⑳
⑰
⑲
㉔
㉓
相模川
観音崎
房総半島
三浦半島
㉕
㉘
㉛
相模湾
太平洋
半島
大島
0
25
50km

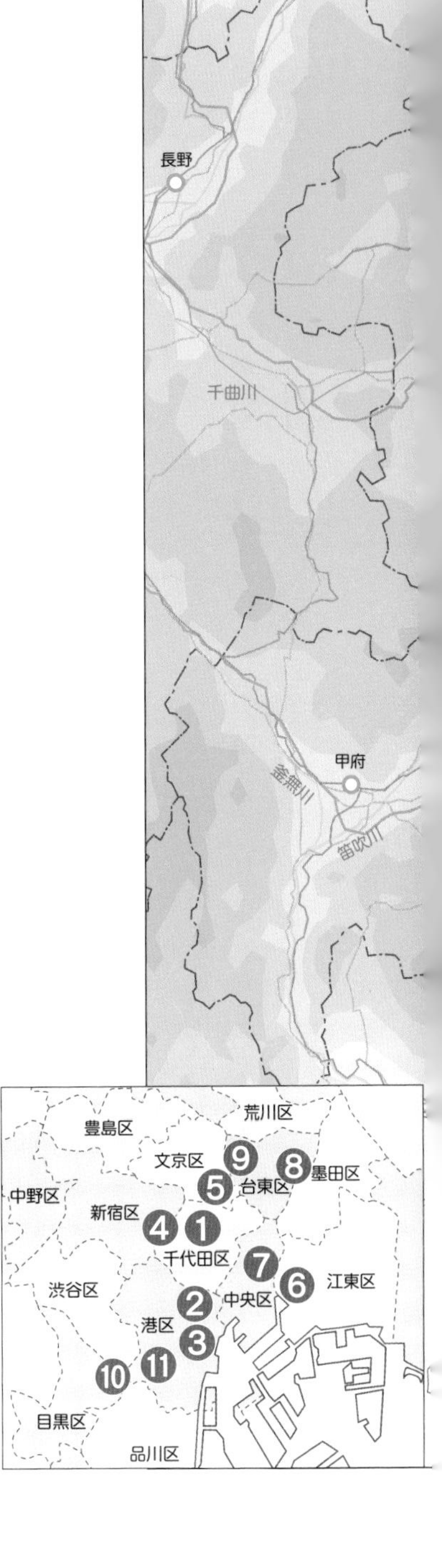

長野
千曲川
甲府
釜無川
笛吹川
荒川区
豊島区
文京区
9
8
墨田区
5
台東区
中野区
新宿区
4
1
千代田区
7
6
江東区
渋谷区
2
中央区
港区
3
11
10
目黒区
品川区

きれいに歩くことを意識して開運と健康の一石二鳥

本書でご紹介するコースは、単に開運やご利益を求めて寺社やパワースポットを巡るのではなく、その移動過程での正しいウォーキングによって、健康を獲得することも併せて目的としています。

また、コースにはいくつかの寺社を1日で巡拝するもの、目的地が最寄りの駅から離れているといったコース、中には山登りを伴う場合もあり、どのコースもある程度の距離を歩くことになります。正しい姿勢で歩くことを心掛けることで、筋肉の強化を図ることができ、疲れづらくもなります。

著者が日頃、講師として指導しているポスチャーウォーキング®は、美しさとエクササイズ効果が科学で証明された歩き方です。[※1]

せっかく歩くなら、このポスチャーウォーキング®を取り入れて美しく歩きながらエクササイズにもして、開運とともに健康も手に入れましょう。

歩く前に①

靴について

ウォーキングを快適にし、また運動効果をあげるためにもサイズの合った靴をしっかりフィットさせて履くことが大切です。靴が足にフィットしていないと、間違ったクセがついた歩き方になってしまい、足を痛めてしまう可能性もあるのです。

靴を履いたらまずかかとにサイズを合わせます。かかとで地面をトントンと叩いて、フィットするように調整します。そして、かかとだけを地面につけたまま、足先を少し浮かせて、靴を足にしっかり固定させるように靴紐はしっかり結んでください。こうして履くと、地面を踏んだときに足幅がべたっと広がりすぎるのを防ぎ、足裏のアーチを支えてくれます。

購入する場合は、シューフィッターのいる靴専門店で試し履きを。

歩く前に②

基本の立ち方

ウォーキングを始める前に、まずは基本の立ち方を確認しましょう。

「まっすぐに立つ」ことは簡単だと思われるかもしれませんが、実は以外と難しいのです。

スマホを見る、パソコンで仕事をする、座っている時間が長いなど、現代の生活で多くの時間を割いている姿勢が、猫背や体の左右のアンバランスなどを引き起こしクセになっていることが多いものです。基本の立ち方でしっかりと立つだけでも、体の軸が整いエクササイズになります。

ここでは簡単にできる基本の立ち方をご紹介します。

①**かかとをつけ、つま先はこぶし1個分開いて立つ**（左右のふくらはぎを少し内側に寄せる意識で）。

②**つま先立ちをして、遠くを見るように目線を上げる**（これだけで、首が長く伸び、胸が開き、背筋が伸びる）。

基本の立ち方

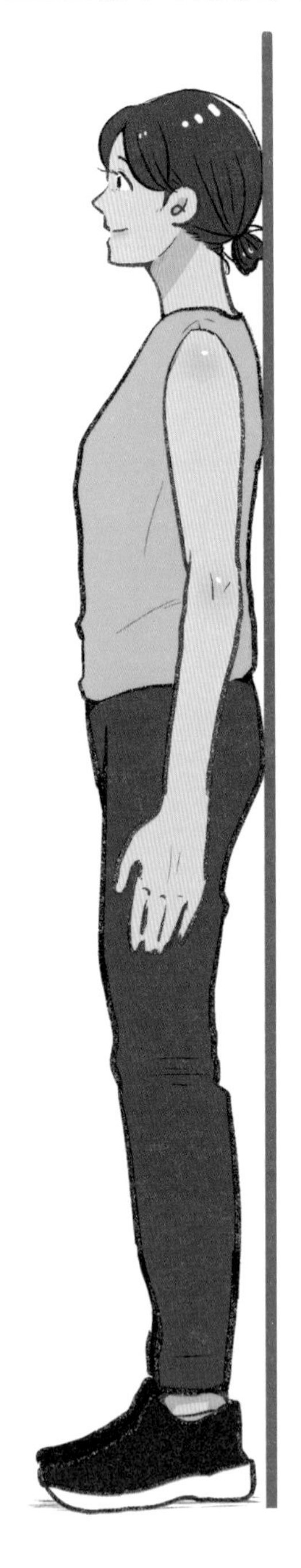

③目線の高さをキープしながら、かかとをそっと下ろす（頭を高い位置にキープしたままのイメージで）。

④頭の重さをかかとの上にのせて首の後ろを伸ばす（体重の配分が、つま先３：かかと7の割合まで頭を後ろに移動させる。後ろの首を伸ばすことで顎が正しい位置に）。

⑤かかと、お尻、肩甲骨、後頭部が１本の直線の上にのったら完成！

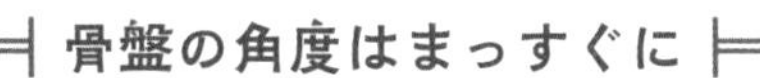

骨盤の角度はまっすぐに

骨盤が前傾（反り腰）でも、後傾でも、腰痛の原因になります。

骨盤の角度をまっすぐに保てるように壁立ちをして確認しておきましょう。

・壁に、かかとまたはふくらはぎ、お尻、肩甲骨、頭をつけて立つ。
・壁と腰の間に、手のひらが入るくらいの隙間があいていればＯＫ。
（必ず手のひらが入る隙間をつくるようにしてください）

――手のひら二つ分以上の隙間がある場合は、お尻の穴を少し下に向けるようにして骨盤を立てる。

――手のひらがひとつも入らないくらい隙間がなければ、お尻を少しプリッと出すようにして骨盤を少し前に倒す。

基本の歩き方

基本の立ち方の姿勢をキープして、足を後ろに蹴り、下半身（お尻から足にかけて）の筋肉をきちんと使って歩くことで、美しく、そしてエクササイズにもなる歩き方になります。ただし、山道など足元が悪い場所では、しっかり足元を見て、小股で歩くようにしてください。

1．目線

歩くときもまっすぐ遠くを見るようにし、頭を背骨の真上にのせておきます。

頭の重さは体重の10％程度あるといわれています。頭が前に倒れているとそれに引っ張られ、肩が内に入り、猫背になってしまいます。

後ろ重心を意識し、背骨の真上に頭をのせておくようにしましょう。

2．足運び

足は前に出そうとするのではなく、足裏でしっかり地面を踏み、膝を伸ばしながら後ろに蹴り出す（ロー

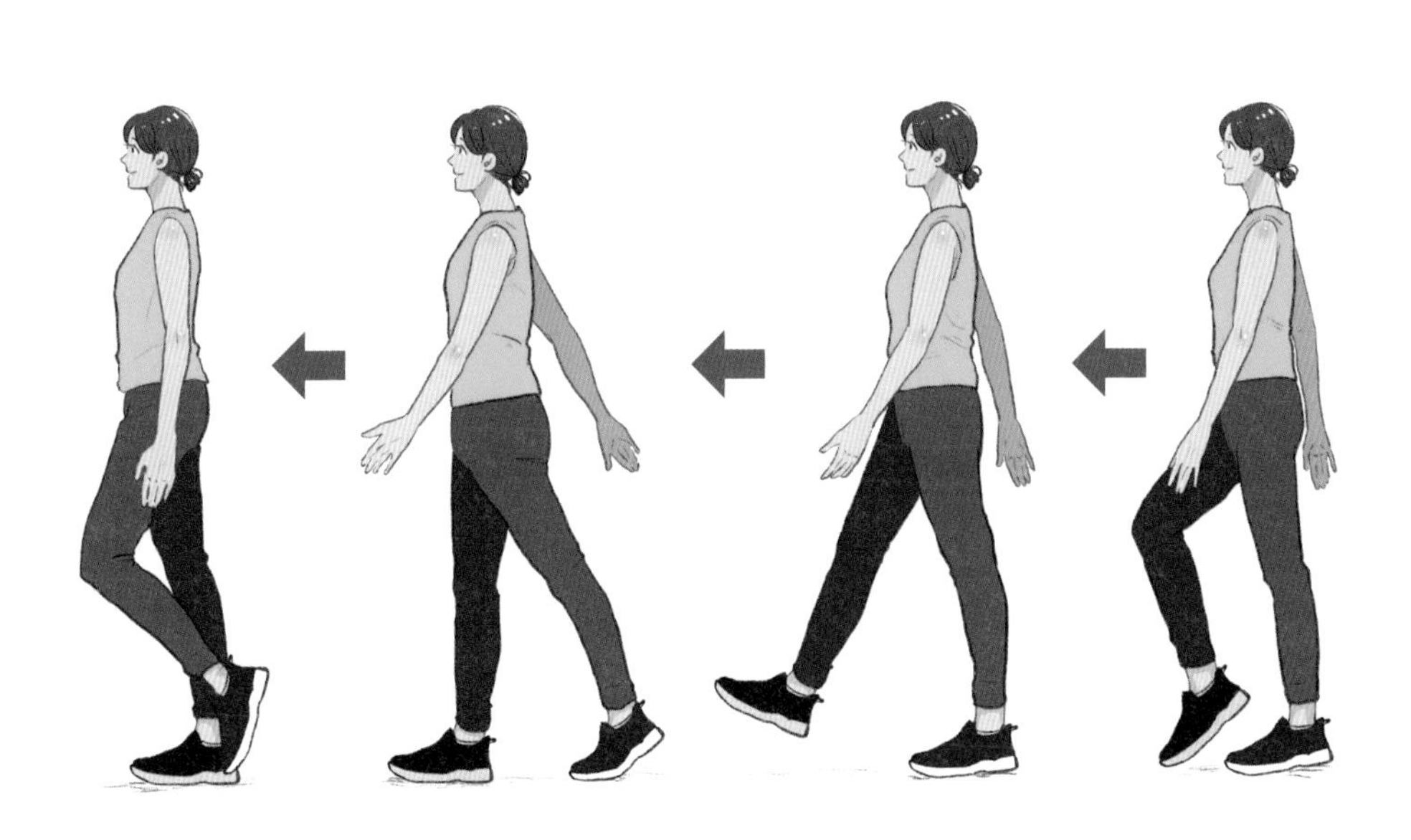

リング）ことで体を前に押し出すようにします。

　前に出した足を着地させるときは、体の中心を通る1本の線の上に左右のかかとが交互にのるようにまっすぐ足を出すようにすると、上半身が左右に揺れず、まっすぐに歩くことができます。

ローリングとは

かかとで着地し、足の裏全体から指のつけ根を通って、指先まで使う一連の動きのことです。

①重心を後ろに保ったまま、片足を軽く前に出し、膝を伸ばしてかかとから着地する。
②後ろに残った足は、膝を伸ばしたまま足裏で地面を押し蹴り、前の足に体重をのせかえる。
③前に出した足に体重がすべてのるまで、後ろの足の指～指の根元でしっかりと地面を押す。
④体重が前の足にのったら、後ろの足の膝を軽く曲げて前に振り出す。

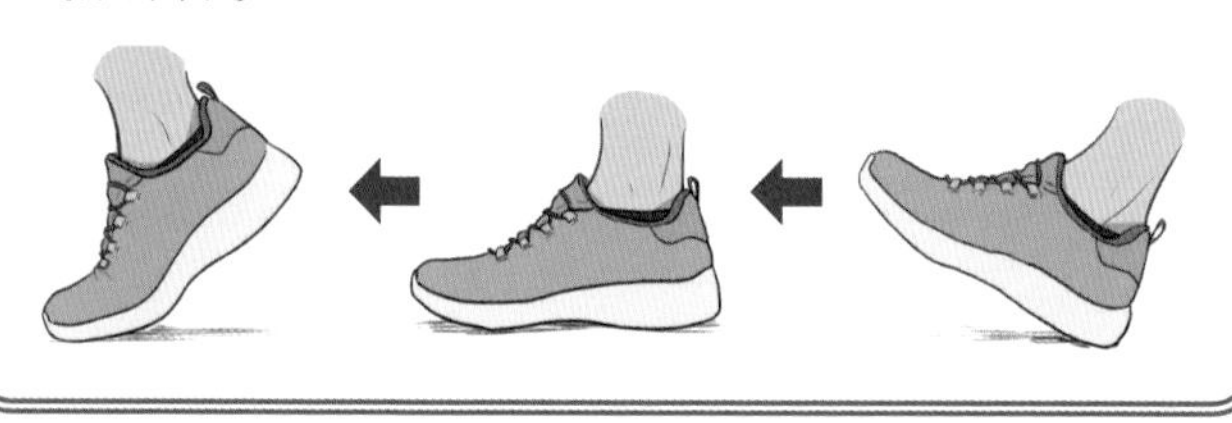

3．腕の振り

　基本的に腕は後ろにだけ振ります。

　後ろに振ることで、二の腕はもちろん、肩甲骨も動きだし背中のエクササイズにもなります。さらに大胸筋も動きだすのでバストアップ効果もあるのです。後ろに振らないと損ですよ。

①腕の付け根から腕をまっすぐ後ろに長く引く（約40度の角度まで）。
②力を抜いて腕をもとの位置に戻す。
③①～②の繰り返し。

ヒント
手の指先も揃えて伸ばして腕を振ると、さらに美しくなります

　細かくお伝えしましたが、最初からすべてができなくても大丈夫です。空を見上げたり、寺社の木々を仰ぎ見たりするだけでも、視線が上がり、良い姿勢になります。先ずは周りの景色を楽しみながら視線を上げて歩いてみてください。

階段の上り下り

寺社には階段がつきものですよね。ここで、疲れにくく、美しくも見える階段の上り下りの方法をご紹介します。これなら長い階段も楽しくなるかも?!

上り方

①基本の立ち方の姿勢で、前の足をかかとまで全て上の段にのせる。
②のせた足に体重をのせかえると同時に、のせた足の膝を伸ばしきる。
③①〜②の繰り返し。

下り方

①膝、足首、つま先を伸ばし、つま先から下の段にそっと下ろす。
②つま先がついたら、かかとまで着地する。
③①〜②の繰り返し。
つま先が最初に着くことで、屈みこんで足元を見なくても下りることができるので、美しい姿勢となります。

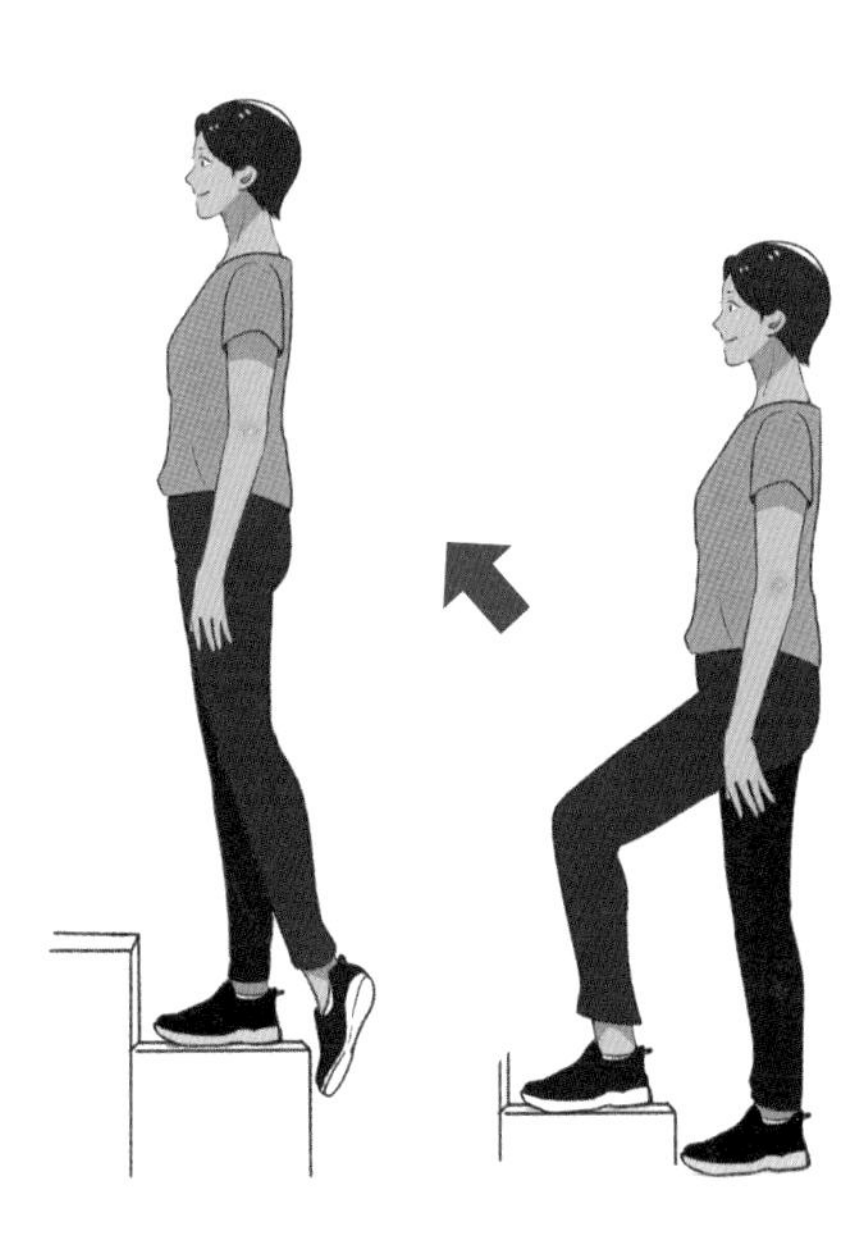

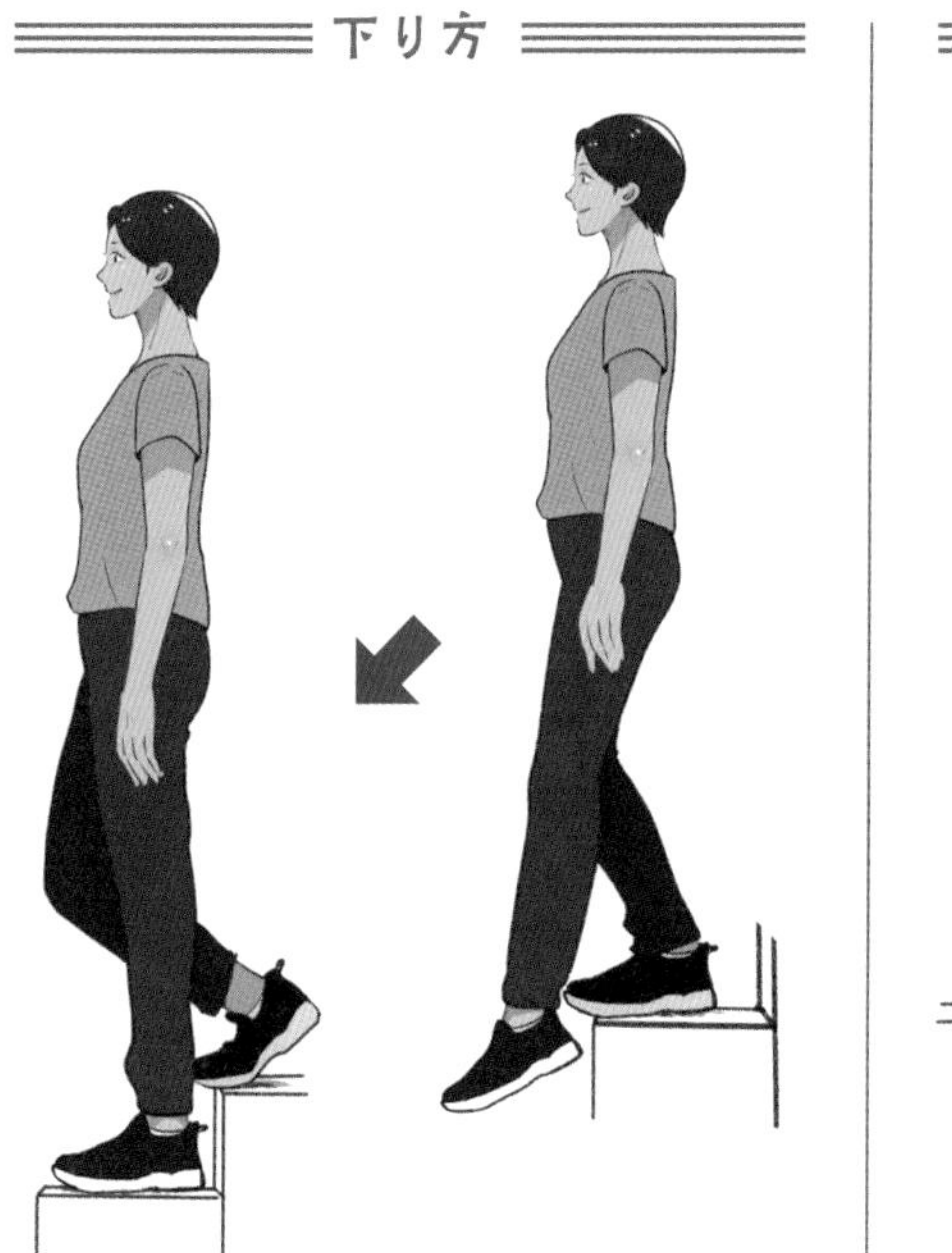

美しいお辞儀

寺社での参拝にお辞儀は必須ですよね。神様、仏様に誠意を表すのですから、しっかりと美しいお辞儀で臨みたいものです。

①基本の立ち方で立つ。
②腰骨を支点とし、上半身をまっすぐ保ちながら腰から体を曲げる（お尻を少し後ろに押し出すように）。
③腰骨を支点に上半身まっすぐのまま、お辞儀をしたときよりも少しゆっくりと体を起こす。

頭から動かすと背中が丸くなってしまうので、腰から動かすことがポイントです。

※1「ポスチャーウォーキングの機能性と審美性の解明」２０２３年、北翔大学大学院生涯スポーツ学修士論文 ハリス規美子

（参考文献）
・一般社団法人ＰＯＳＴＵＲＥ ＷＡＬＫＩＮＧ協会認定講師用テキスト
・『もっと痩せたい人の美しく歩くだけダイエット』ＫＩＭＩＫＯ著／主婦の友社・２０１５年刊

これさえ
知っていれば
OK！

寺社巡りをより楽しむ
ための基礎知識

そもそも！ 仏教と神道

仏教と神道は、日本人の暮らしや文化に深く根付く伝統的な宗教ですが、それぞれ独自の信仰と教えを持っています。

仏教は、釈迦（釈尊）が説いた教えに基づき、苦しみや無常を克服するための修行や、因果応報の法則を重視します。悟りを開くための座禅や瞑想など、慈悲・無私の精神を培うための修行を行います。また、数多くの宗派分派があり、それぞれが異なる解釈や教え、修行法を持っています。

一方、神道は、古代の神々や自然の霊的存在を信仰し、神社での祭祀や日本の伝統文化に根付いた儀式・行事が重要な役割を担います。そして、神々や自然界の力を尊重し、それらを自分自身や社会のために利用することにつなげます。

簡単に言えば、仏教は個人の成長や解脱を目指す宗教であり、神道は自然と人間の関係を大切にする信仰とも解釈できます。しかし、古くから日本では仏教と神道が融合して存在している場合（神仏習合）や、相互に影響し合っている部分も多くありました。実のところ、神社とお寺は一心同体ともいえる状況が長く続いたのです。ここで仏教と神道の関係性、特に重要と思われる神仏習合と神仏分離についてもう少し説明します。

仏教が伝来する前の日本では、古代から伝わる様々な神々や、山や滝などの自然が信仰の対象でした。神仏習合は、仏教が日本に伝わってきた奈良時代（8世紀）頃から始まります。はじめは神仏混淆の状態だったと推察されますが、しばらくすると仏教が国家の公式宗教として定められ、多くの寺院が建立されました。この時期から、神社を管理する「別当」と呼ばれた寺を置くなど、仏教と神道が相互に影響し合い神仏習合という状況が生まれました。神道の神々と仏教の菩薩と天部（てんぶ）とを同一視することもあり、神社に仏像を安置するなど、仏教と神道が結びついた信仰も行われるようになりました。

しかし、江戸時代に入ると、幕府が神仏習合を否定し、仏教と神道を分離する政策を推進するようになります。さらに幕府は神道を国家の公式宗教とし、仏教の勢力を抑えるため、神社と寺院を分離する政策を進めました。これには神仏習合を否定することで、国家統一と人々の幕府への忠誠心を高める狙いもありました。

そして、明治になってから発せられた神仏分離令により廃仏毀釈が進み、各地でお寺や仏像が取り壊される事態となりました。このような歴史を経て神社と寺院が明確化され、仏教と神道がそれぞれ独自の信仰体系として再確立されていきました。しかし、一部では神仏習合の要素が残り、現代でも仏教と神道が相互に影響し合いながら、独自の信仰様式が続いています。浅草寺と浅草神社など隣接して鎮座している寺社は意外と多く、それは以前に習合されていたり、別当であったりした歴史の名残であり、現在においても深い関係性をもつ場合があるのです。

神道と神社

神道の神々への崇拝や祈りを捧げる神事を行う施設が神社です。全国には8万以上の神社があるといわれています。これら神社は、地域やお祀りする神様によって様々な系統に分かれています。

また、神社の形態や規模も、山村の小さな祠から、大きく荘厳な神社まで様々です。地域の風土や信仰の対象に基づいて建てられた神社や、歴史的な出来事、人物に関連する神社もあります。いずれにせよ神社は、地域の人々にとって特別な存在であり、その地域の文化や伝統と深く結びついています。

ところで、一口に神社といっても、「神宮」「宮」「大神宮」「大社」「神社」「社」の六つの社号に大別されることをご存じでしょうか。各々について簡単に確認しておきましょう。

①神宮

天皇や皇室とのゆかりが深く、多くが先祖神をお祀りしている。三重県伊勢市に鎮座する伊勢神宮が筆頭で、単に「神宮」という場合は伊勢神宮を指す。伊勢神宮は、「日本の総氏神様」ともいわれる。関東には、鹿島神宮、香取神宮などがある。

②宮

神宮に次いで格式が高く、その多くで天皇や皇室の関係者や歴史的な人物を神格化して祀っている。このうち、天満宮は平安時代の貴族で学者・歌人でもあった菅原道真を祀り、「天神様」と呼ばれ学問の神として知られている。東照宮は徳川家康を祀る。また、八幡宮は八幡神を祀り、勝利や出世祈願のため多くの人が訪れる。

③大神宮

伊勢神宮は、全国から篤い信仰を寄せられるが、昔はそう簡単には行くことができなかった。そこで遥拝所として天照皇大神宮（福岡県）や東京大神宮などが各地に創建され、伊勢神宮から分霊した神様を祀り、代わりとした。

④大社

もともとは出雲大社のみに認められた社号。現在は、地域の規模の大きい神社にもつけられている。本書では三嶋大社を取り上げているほか、富士山本宮浅間大社、諏訪大社などがある。

⑤神社

それぞれの地域の氏神様をお祀りしているのが一般的。乃木神社や東郷神社など歴史上の人物を祀っている場合もある。中でも最も多い稲荷神社は農耕の神様を祀り、五穀豊穣・商売繁盛にご利益があるとされる。

⑥社

規模の小さい神社で、大きな神社から分霊してお祀りしていることが多い。また、山や滝など自然物を祀っている場合もある。ほとんどの場合、神職の常駐はない。

神道の神々

先述のように神社には、様々な神々が御祭神として祀られています。御祭神は、その神社において特に重要な役割を果たす神格や神霊です。その特徴と代表的な例を解説します。

1. **氏神様**（うじがみ）：地域ごとに信仰される特定の神々で、その地域の守護神として祀られる。その地域の繁栄や安全を守るために信仰される。

2. **歴史的人物や英雄**：実在の歴史的な偉人や英雄が神格化され、御祭神として祀られる。多くは歴史や伝説において重要な役割を果たした人物であり、その功績や教えを称えるために神社で祀られる。菅原道真や徳川家康、乃木希典など。

3. **自然に関連する神々**：山や川、海、滝、巨岩などの自然も御祭神として祀られる。いわゆる、パワースポットの神格化。これらの神々は、自然の恩恵を受けるために崇められ信仰されている。本書では石割神社の巨岩など。

4. **日本神話に登場する神々**：天照大御神、須佐之男命、豊受大神などの日本神話に登場する神々。これらの神々は、神話や神道の教えにおいて重要な役割を果たしており、信仰の対象として広く崇められている。

神社ごとに御祭神は異なりますし、同じ神でも神社によって名前や形態、解釈が異なることもあります。地域の事情や神社の特性に基づいて、御祭神が選ばれる傾向もあります。また、一つの神社に複数の神が祀られることも非常に多くあります。御祭神は、信仰と崇拝の対象として地域の人々に親しまれ、その地域の文化や歴史とも深く結びついているのです。

その中でも、古事記や日本書紀などに登場し、神社の御祭神として祀られている神々は数多くあります。以下に代表的な神々を紹介します。

1. **天照大御神**：太陽（天界）の女神であり、日本の神道の最高神とされる。伊勢神宮内宮に奉祀される。

2. **須佐之男命**：天照大御神の弟とされる。海や戦いの神。素戔嗚尊とも。

3. **伊邪那岐命**：天照や須佐之男の父神。土地や豊穣、産業の神。伊弉諾尊とも。

4. **伊邪那美命**：伊邪那岐の妻。土地や豊穣、産業の神、伊弉冉命、黄泉津大神とも。

5. **月読命**：須佐之男の兄。農耕や漁猟にかかる暦の神。月夜見尊とも。

6. **大国主神**：須佐之男の娘の夫。国づくり、農業・商業神。大己貴命とも。

7. **日本武尊**：第12代景行天皇の子。熊襲や東夷、駿河などを平定した英雄伝説で知られる。戦いや農業の神。

8. **天児屋根命**（あめのこやねのみこと）：天岩戸神話で祝詞を奏上。祝詞、言霊の神。

9. **豊受大神**（とようけのおおかみ）：天照の食物を司る女神。豊穣と食物の神。伊勢神宮外宮に奉祀される。

10. **倉稲魂命**（うかのみたまのみこと）：多くの稲荷神社の主祭神。伊邪那岐・伊邪那美の子。穀物の守護神。宇迦之御魂神（うかのみたまのかみ）とも。

11. **武甕槌神**（たけみかづちのかみ）：軍神。国譲り神話で経津主神（ふつぬしのかみ）とともに派遣される。建御雷神（たけみかづちのかみ）とも。

12. **神武天皇**（じんむてんのう）：日本を建国した初代天皇。国家安寧の神。

13. **応神天皇**（おうじんてんのう）：誉田別尊（ほんだわけのみこと）。第15代天皇。文武の神。八幡神として知られる。

14. **神功皇后**（じんぐうこうごう）：応神天皇の母。安産の神。息長帯姫命（おきながたらしひめのみこと）とも。

15. **比売神**（ひめがみ）：主祭神の配偶者または娘を指す。比咩神とも。

以上は代表的な神々であり、実際にはほかにも様々な神々が神社の御祭神として祀られています。

なお、同じ神様であっても、神社により表記や読み方が異なる場合があります。

日本の主な仏教宗派

日本の伝統仏教には多数の宗派が存在します。以下に日本の主な仏教宗派について簡単に解説します。

※寺院数は主要系統の合計（令和4年版宗教年鑑）

1. **曹洞宗**（そうとうしゅう）：1万4485寺

特徴：禅宗の一派。日本で最大の単一宗派。瞑想を重視。自己の本来の姿を悟ることを目指す「坐禅（只管打坐（しかんたざ））」が中心となる修行法。大本山は、福井県の永平寺。

本尊：釈迦如来

開祖：道元（1200年-1253年）

関東の主要な寺院：総持寺、日本寺、最乗寺など

道元

2. **臨済宗**（りんざいしゅう）：4734寺

特徴：禅宗の一派であり、鎌倉仏教の一つ。中国から伝わった禅の修行法を重視。直感的な

悟りを追究する「公案（こうあん）」と呼ばれる問答法が特徴。円覚寺派、建長寺派、妙心寺派など15の宗派がある。

栄西

本尊：釈迦如来
開祖：栄西（1141年－1215年）
関東の主要な寺院：建長寺、円覚寺、明月院など

3. 真言宗（しんごんしゅう）：1万1028寺

特徴：真言密教の宗派。声や文字に宿る仏の真言を唱えることで悟りを開く修行法を行う。また、宗教行事や儀式が盛ん。2023年は開祖・弘法大師空海の生誕1250年であり様々な行事が行なわれる。なお、四国八十八カ所霊場は空海の開創としても知られる。

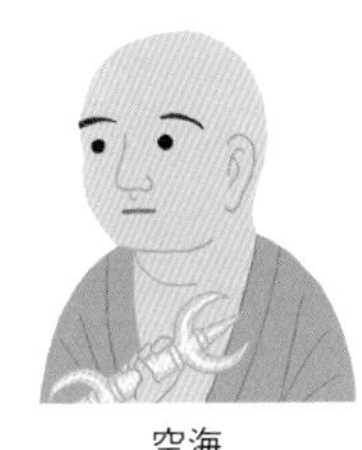
空海

本尊：大日如来
開祖：弘法大師空海（774年－835年）
関東の主要な寺院：川崎大師平間寺、成田山新勝寺、高幡不動尊金剛寺など

4. 浄土宗（じょうどしゅう）：7460寺

特徴：大乗仏教の宗派で鎌倉仏教の一つ。念仏信仰を重視し、阿弥陀如来の名号を唱えることで誰でも死後に極楽浄土へ行けると説く。信仰の対象が極楽浄土であることから分かりやすく、広く受け入れられている。

法然

本尊：阿弥陀如来
開祖：法然（1133年－1212年）
関東の主要な寺院：増上寺、長谷寺（鎌倉）、高徳院など

5. 浄土真宗（じょうどしんしゅう）：1万9660寺

特徴：阿弥陀如来の救済の力に依存し、ただひたすらに阿弥陀仏の名号を唱える「念仏」を行うことで、誰でも極楽浄土に行けると説く。救いは人間の自力ではなく他力によって達成されるとの考え。また、浄土真宗で

は出家制度がなく、在家信者の活動が盛ん。

本尊：阿弥陀如来
開祖：親鸞（1173年－1262年）
関東の主要な寺院：築地本願寺など

親鸞

6. 日蓮宗：4654寺
特徴：日蓮聖人の教えに基づく宗派。お題目「南無妙法蓮華経」という法華経の一節を唱えることで悟りを開く修行法を行うことから法華宗とも呼ばれる。中世においては異端とされたこともあったが、現在は広く信仰されている。

日蓮

本尊：釈迦如来、大曼荼羅、日蓮
開祖：日蓮（1222年－1282年）
関東の主要な寺院：身延山久遠寺、法華経寺、池上本門寺など

上記のほかに、黄檗宗、華厳宗、時宗、天台宗、法相宗、融通念仏宗、律宗を加えた合計13宗派が日本における代表的な伝統仏教宗派です。それぞれの宗派ごとに独自の教えや歴史があり、日本の仏教文化を形成していますから、興味のある方は訪問先の寺院で僧侶に話を聞くなどしてもよいでしょう。

藤沢市の遊行寺は時宗の総本山（P118参照）。

仏像を知るとお寺巡りがさらに楽しくなる！

お寺にお参りした際、是非注目していただきたいのが、そこに安置されている仏像です。

日本には世界で最も多くの仏像があるといわれており、寺に安置されている仏像の数だけで30万体以上あるといわれています。その中には、国宝や重要文化財となっている仏像も多数あり、最近はそういった仏像巡りを趣味としている方も多いようです。

著者が実際に仏像に注目するようになったのはこの数年です。はじめの頃は仏像の名前を読んでも、それがどのような神様なのか分かりませんでした。多くの読者の皆さんも、「あの仏像は何の神様？」と聞かれても答えに窮してしまうのではないでしょうか。そこで、知っておきたい仏像の基礎知識を簡単にまとめてみました。

まず、仏像は「如来」「菩薩」「明王」「天部」の4種に大別されます。

◆如来

仏教の神髄である慈悲の「慈」を表現した仏像として最も格の高い存在。悟りを開いたお釈迦様（仏陀）を表す。1枚の衣以外は何も着けない、簡素なお姿。この衣は、衲衣または糞掃衣といい、トイレ掃除をする際に着るような粗末なもので、苦行の表れといえる。釈迦をモデルとしたのが「釈迦如来」。その後、それぞれ役割の異なる「阿弥陀如来」「薬師如来」「毘盧遮那如来」「大日如来」がつくられた。

智慧や慈悲の象徴。東京・深大寺の「銅造釈迦如来倚像（白鳳仏）」が近年新たに国宝に指定され話題になった。

◆菩薩

慈悲の「悲」を表現した菩薩は、悟りを開く前の修行中の釈迦。悟りを開いて仏となることを選ばず、苦しむ人々を救済するために、この世にとどまり人々に慰めや希望を与える存在。モデルは、若い頃の釈尊。釈迦は裕福な家の出だったため、華美な装身具を身にまとっている。如来を補佐する立場とも考えられ、セットで安置されている場合が多い。
最も多いのが「観音菩薩」。「千手観音」や「十一面観音」なども含まれる。このほか、「弥勒菩薩」「地蔵菩薩」「文殊菩薩」「普賢菩薩」には、それぞれの役割がある。東京国立博物館所蔵の国宝「観音菩薩立像」は特に知られている。

◆明王

明王は、大日如来の化身でモデルは古代インドのバラモン教、ヒンドゥー教の神々。煩悩（ぼんのう）や邪念を滅する強力な力を持つ存在。彼らは恐ろしい姿や怒りの表情で、手には武器や宝具を持っている。明王は人々を邪悪から守り、修行の道を守護する役割を果たす。眼と口に独特の表情がある「不動明王」がよく知られるが、このほか家族円満の仏である「愛染明王」や「孔雀明王」「大威徳明王」などがある。

関東エリアでは成田山新勝寺や高幡不動尊金剛寺の不動明王像や、目黒不動尊瀧泉寺の愛染明王像が有名。

◆天部

天部は仏教の守護神。モデルは若き釈迦を守っていた家来たちといわれる。したがって武器を持ったり鎧をつけたりしている場合がある。「弁財天」や「鬼子母神」など女性の神様もある。仏閣の楼門にいらっしゃる「仁王」や「金剛力士」なども天部。このほか「梵天」「四天王」「毘沙門天」「帝釈天」「吉祥天」「大黒天」「風神」「雷神」など。

天候や豊穣、疫病の鎮静化など、人々の願いを叶える役割を果たす。「閻魔大王」も天部。

【参考文献】

・『やさしい仏像の見方』西村公朝・飛鳥園著／新潮社・1983年刊

【コラム】七福神の基礎知識

もしかすると、私たちに最もなじみ深い神様は、「七福神」かもしれません。七福神は、大乗仏教の経典で、仏教的な国のあり方を著した『仁王経』の中にある「七難即滅七福即生」という言葉が起源といわれているそうです。これは、七つの災いが去って新たに七つの福が生まれる、といった意味合いです。

この「七つの福」を仏教や道教、神道、ヒンドゥー教の神に当てはめたのが七福神で、一般に大黒天、毘沙門天、寿老人、弁財天、恵比寿、福禄寿、布袋となります。それぞれの神様には独自の特徴と役割があります。簡単に解説します。

・**恵比寿**：商売繁盛や豊漁を象徴し、福をもたらす神様。普通、笑っている男性の姿で描かれ、鯛や釣竿を持っている。唯一の日本の神様。恵比須とも。

・**大黒天**：富や幸福をもたらすとされる神様で、商業や農業の守護神。大きな腹と小槌を持つ。ヒンドゥー教の神様。

・**弁財天**：芸術や学問、美を象徴する女神で、特に音楽や知恵の神様。琵琶や美しい装飾品を持っている姿。ヒンドゥー教の神様。

・**福禄寿**：福徳や財宝、長寿をもたらすとされる三神の総称。福神とも呼ばれる。道教の神様。

・**毘沙門天**：福徳を司る神様であり、また戦いや防御など勝負事の守護神でもある。ヒンドゥー教の神様。

・**布袋**：幸福と長寿をもたらす神様で、財宝や子宝の守護神ともされる。大きな袋を背負っており、お金や宝物を持っていることが特徴。実在した僧を神格化。

・**寿老人**：長寿と幸福をもたらす神様で、白髭で杖を持った老人の姿。人々の寿命を司り、祝いや長寿の象徴として尊ばれる。道教の神様。寿老神とも。

江戸時代頃から、各所に鎮座する七福神を巡ることが庶民の間で流行りだしました。一種のスタンプラリーみたいなものですね。現在では、全国に1000を超える七福神巡りのコースがあるといわれており、日本のお正月の風物詩の一つとなっています。

この七福神巡りはお正月行事ではありますが、ほとんどの寺社でお正月以外の季節も参拝可能です。ただし、御朱印をいただけたり秘仏の開帳がお正月だけだったりしますから、事前に調べてから巡拝したほうがよいでしょう。

神社参拝の作法

神社にお参りをする場合には手順や儀礼が重要です。そして、参拝するときは、神様を敬い、真心を尽くしましょう。次に参拝の作法を説明します。

①鳥居

初めて行く神社のお参りは、正面の鳥居から入る。必ずしも一の鳥居からでなくとも差し支えない。鳥居は「尊い天津神三神」の御印。鳥居の手前に立ち、「参拝にまいりました」と一礼してから境内＝神域に足を踏み入れる。複数の鳥居がある場合、それぞれ一礼してくぐる。

②参道

参道の真ん中は正中といい、神様の通り道。また、神様に向かって左側が下手となるので、参道を歩くときは中央を避け左側を歩く。なお、伊勢神宮では内宮が右側通行、外宮が左側通行。

③手水舎

手水舎の水で手と口を清める。手を洗うのは、体の外の不浄を除くため、口をすすぐのは体の内の不浄を清めるための作法。

清め方はまず、右手に柄杓を持ち、水を汲んで左手にかけ清める。次に柄杓を左手に持ち替えて、同じように右手を清める。再び、柄杓を右手に持ち、左の手のひらに水を受けて口をすすぐ。柄杓に直接口をつけない。

④賽銭

十円玉（百円玉や五百円玉でも可）を3枚、「10」と書いてあるほうを表にして、神様から見て「10円」と読めるように向け、神様のほうに上を少しずらして重ね、そして、「○○神社の神様、お受け取りくださいませ」と言い、一礼してお賽銭箱に入れる。

「3枚」にするのは、神社には主祭神様と二神の御祭神様の合わせて3柱の神様が祀られていることが多いため。なお、お賽銭は投げずに、ころがすように入れる。音を立てることはあってよく、むしろ音は大切。

⑤礼

二礼二拍手一礼をする。

「二礼」（再拝）は、「お参りに来ました。よろしくお願いいたします」とのご挨拶。

「二拍手」には、「神＝火水（かみ）」に風を入れて、自分の存在を知らせる「火風水（ひふみ）」という意味。最後の「一礼」は、「ありがとうございます」という感謝の意味合い。

なお、二礼四拍手一礼の出雲大社や彌彦神社など、神社それぞれのしきたりがある場合もある。

⑥手の合わせ方

軽く手を合わせ、右手の親指を左手の親指の下に入れ、左手の親指が右手の親指の上になるように手を組む。左手は神様、右手は自分を表すので、神様から包んでいただいている状態、神様と結ばれているという意味がある。

⑦祝詞（のりと）

祝詞にはいくつか種類があるが、知らない場合には、簡略に、「祓（はら）いたまえ、清めたまえ、神（かん）ながら守りたまえ、幸栄（さちは）えたまえ」と唱える。

⑧願い事

願い事をする前に、次のように自分の名前、住所、年齢、干支を述べる。干支ごとに神様もいらっしゃるので、しっかり自分の干支もお伝えする。

「私は、○○（住所）に住む、○○（名前）と申しまして、かぞえで○歳、○（干支）生まれでございます。いつもお守りくださりありがとうございます。本日は○○（願い事）のお願いに参りました。どうぞお聞き届けくださいませ」。願い事は詳しく具体的に。

また、「お願いします」ではなく、「神様の素晴らしいお力をくださいませ」のように強く願望する。

なお、声を出すのは「音霊」といって自分に願いが戻ってくるから。

⑨礼

願い事を伝えた後一礼。おみくじは、参拝の後に引く。

⑩帰路

帰りは、拝殿を背にした参道の左側（来たときと反対側）を歩く。鳥居のところまで来たら、拝殿に向かって一礼。参拝前に一礼をした場所に戻り、再び一礼する作法を「むすび」といい、大切な作法。

⑪お礼参り

年に一度、あるいは特別な願い事がある場合には、ご祈祷を受けるのもよい。そして願い事が叶ったら、必ずお礼のお参りをする。ただし、お礼のお参りの時には、決して願い事をしてはいけない。

⑫眷属（けんぞく）神様（摂社・末社）

神社によっては、「龍神様」「巳様」「お狐様」などの眷族神様が祀られており、本殿をお参りした後にお参りする。

⑬参拝時の服装

通常の参拝は、だらしない服装でなければ問題ない。ご祈祷を受ける場合は、できれば黒い服装は避け、なるべく白い服装で参拝する。

⑭参拝時間

通常は、午前五時から午後五時までの間が適当とされる。

【参考・引用】
・『驚くほど幸運が舞い込む実践！ 観月式霊活術』観月明希著／白秋社・2023年刊

【コラム】おみくじは神様のお答え

おみくじを引きましたら、そこに書かれていることをしっかりと確認しましょう。お参りで神様にお願いしたことへの答えやヒントが書かれているのです。

おみくじには表と裏があります。まず表を見ます。「大吉」や「凶」などの吉兆にとらわれてはいけません。大事なのは通常上段にある「和歌」です。古来、神々は和歌を詠むとされ、歌を通じて様々な情報を発信しているのです。歌の中でも四季の言葉に注目してください。またこの中には、現在の状態が示されています。歌から神様のお言葉の意味をしっかりと受け止めましょう。

おみくじ

桜花　盛りは　すぎて　ふりそゝぐ　雨にちり　ゆく　夕暮の庭

基本的に和歌が添えられています。これは神々が和歌を詠むとされ、和歌を通じてご託宣が下されると考えられているからです。まず第一に神のお告げを確認します。

思いもかけぬ煩い起りて心痛するが　心正しく身を慎めば年永く音信のたえし縁者又は他人の便ありて喜び事が出て来ます何事も運に任せ思い煩うな

上段の和歌を受けて、現在や今後の状況について全体的な解説が示されます。和歌より理解が進みます。

運勢　中吉

その上で、和歌が示す運勢を導き出します。多くの方はこの運勢にのみ注目しがちですが、あくまでも和歌を受けての結果なのです。

願望　他人の助により望み事叶う急ぐな
待人　早く来ず音信あり
失物　手近にあり　見えず
旅行　遠くは行かぬが利
商売　多く買えば損あり
学問　雑念をすて目標をたてよ
相場　売るのは待て

個々の項目について手短なアドバイスが示されます。この項目は神社により異なります。

争事　十分でない　控えよ
恋愛　自己を抑えよ
転居　よき所なし　まて
出産　親の身大切にせよ安産
病気　信心せよ　治る
縁談　俄かに向こうの心がかわる　心和やかにもて吉

帰る際には神社の木などに結びつける方が多いですが、持ち帰り自分の戒めとして時々読み返してもよいでしょう。なお、おみくじの有効期限は次のおみくじを引くまで、というのが一般的です。

寺院参拝の作法

寺院へ参拝する際の一般的な手順を以下に説明します。

①入口での挨拶

寺院へ到着したら、まず入口で手を合わせて挨拶をする。心を込めた言葉を使い、敬意を示す。

②手水舎での清め

神社と同様。

③参拝の時

本堂や拝殿に進み、本尊や祭壇に対して手を合わせる。手を合わせる際は、両手を胸の前で合わせ、軽く頭を下げるようにする。心を静め、畏敬の念を表す。また、本尊や祭壇に対してお賽銭を入れる場合は、手を合わせた後にお賽銭箱に入れる。

④お参りの後

参拝が終わったら、再び手水舎で手や口を清めます。手順は入口での清めと同じ。本堂や境内を散策する場合は、清めを行った後に。

なお、寺院によっては独自のルールや慣習がある場合もありますので、その際は、由緒書きを確認したり、僧侶に尋ねたりしてください。

ところで、カメラやスマホでの写真撮影について、一部の神社仏閣では境内での撮影を禁止もしくは禁止事項を定めている場合がありますので、参拝時には注意が必要です。また、見知らぬ人物が撮影した写真に写り込んでしまった場合、個人を特定できる状態であれば、そのままの状態でのSNS等への掲出は避けましょう。

【コラム】パワースポットとは？

日本を代表するパワースポット、伊勢神宮（外宮）。

近頃よく耳にする「パワースポット」。特に定義はありませんが、もっぱら自然や寺社、遺跡、城址などの歴史的な場所のうち、その場所に存在するエネルギーや霊的な力が強く、人々に癒やしや活力を与えるとされる場所がパワースポットといってよいでしょう。多くの場合、その場所を訪れたりお参りしたりすることで、願いが叶うようになるとか、心身ともにリフレッシュできると信じられています。ただし、その効果に明確な根拠はなく、信仰や感覚に基づくものであるので、感じ方には個人差があります。

日本には、神社や寺院はもちろんのこと、山や滝、巨木などのある、多くのパワースポットと呼ばれる場所があります。また、海外にも古代文明の遺跡や自然がつくりだしたパワースポットが多数存在し、多くの人々が訪れています。パワースポットを巡ることで気持ちがポジティブになるのは著者だけではないと思います。信じる、信じないにかかわらず、特別な場所や環境に存在することで、その人に精神的な支えを提供する可能性があると感じます。是非、皆さんもご自宅や職場周辺のパワースポットを探してみてください。きっとそこは、ご自身にとって心身ともに癒やされる空間になることでしょう。

日本最強のパワースポットと言われる富士山。

出かける前に

本書で紹介するコースの歩く距離は、街歩きで1～7キロメートル程度、ハイキングコースだと境内散策を含め10キロメートルを超えるコースもあります。また、自宅からスタート地点までは電車やバスで移動します。したがって、動きやすいスタイルで、あまり多くの荷物を持たずに出かけたいものです。それでも、突然の天候の変化など、何が起こるか分かりません。そこで、スタイルや最低限用意しておきたい携行品についてご案内します。

スタイル

街歩き

たとえ歩く距離が短くても、神社仏閣には石段や玉砂利敷きはつきもの。季節に合わせたパンツルックに、履きなれたスニーカーかウォーキングシューズがオススメです。また、晴れた日は、帽子か日傘が必携です。

山歩き

上下登山ウェアであればベストです。登山ウェアの準備が無い場合は、汗をよく吸収し、乾きやすい素材の服をチョイスしてください。山中は、蜂やブヨなどに刺されるリスクがありますから、夏でも長袖長ズボンが無難です。また、靴は登山靴か、ソールがしっかりしたトレッキングシューズ、できればハイカットまたはミドルカットを。靴を新調する際は、専門店でアドバイスを受けるとよいでしょう。

最近は、体をサポートする機能をもつインナーが多くのメーカーから発売されています。膝や太ももをサポートし、衝撃から守ってくれるので、街歩きでも山歩きでも距離がある場合は、着用するとよいでしょう。著者はワコールの「CW-X」シリーズを愛用していますが、翌日の疲れが軽減されるように感じます。また、ソックスもサポート性の良いものが発売されていますので、1～2足購入しておきましょう。

持ち物

●バッグ

両手があくリュックか、斜め掛けできるショルダーバッグがオススメです。特に山歩きの場合は、リュックにします。この場合、20～25ℓ程度の容量が適当です。

●飲料

街歩きの場合は、コンビニや自販機がありますから飲料にさほど困ることはありませんが、山歩きの場合は必携です。距離が短い場合で５００㎖程度、夏場や長い距離ではそれ以上の量が必要です。水筒かペットボトルのどちらでも構いません。

●**雨具**

街歩きであれば折り畳み傘、距離のある山歩きであれば上下のレインウェアを用意します。レインウェアがない場合でも、最低限、雨合羽は持参します。

●**行動食**

小腹がすいたときに歩きながらでも食べられる好みのものを、ランチ用とは別に用意。クッキーやせんべい、チョコレートなど。特に、山歩きの場合は多めに用意します。

●**スマートフォン**

行先での記念写真の撮影、いざというときの連絡手段、現在位置の確認など必携アイテムです。

●**お金**

複数の神社仏閣を巡拝する場合は、お賽銭用に小銭を多めに用意します。

●**その他**

タオル、ティッシュペーパー、筆記用具、ごみ袋、日焼け止め、レジャーシートなど歩行距離や行先に合わせて準備します。

スマホの準備

ウォーキングをする場合、スマートフォンの地図アプリをうまく活用すると、目的地までの道案内や、歩程の記録、消費カロリーや撮影した写真の管理まで行うことができます。ほとんどのアプリが無料で使えますので（一部課金あり）、事前に好みのアプリを探してダウンロードし、使える状態にしておきましょう。

地図アプリは、スマートフォンをお持ちの方はすでにインストールされているはずです。代表的なのが、「グーグルマップ」。これを使えば街歩きで迷うことはないでしょう。著者は、このほかにｉＰｈｏｎｅの「マップ」を活用しています。

歩程を記録できるお散歩に特化したアプリも様々で、それぞれ特徴があり機能が充実しています。著者は、ＮＡＶＩＴＩＭＥが提供する歩数計アプリ「ＡＬＫＯＯ（あるこう）」を利用しています。このＡＬＫＯＯは、移動経路の記録、その間に撮影した写真を場所ごとに表示する、日差しをさけて歩くルートを教えてくれる「日陰マップ」機能など、無料で使える機能が充実しています。

このほかのお散歩アプリとして、「aruku&（あるくと）」や「トリマ」などがあり、特にウォーキングでのカロリー消費を通じてダイエットを考える方にとっては、必須アイテムといえます。

また、山歩きでもアプリは重要なパートナーです。一般道に比べて道が分かりづらい登山ルートを確認したり、標高や天気予測、登山記録をつくったりできますから、山歩きに出かける際には確実にインストールしておきましょう。

著者は「YAMAP」を利用していますが、このほかに人気のあるアプリとして、「ヤマレコ」や「コンパス」「山と高原地図」などがあり、それぞれ特徴がありますから比較検討し、好みのものを選んでください。頻繁に山に行かれる方は、登山届を出せる機能がついたアプリがよいでしょう。

歩く前には、準備運動を

比較的長時間歩く場合には、軽く準備運動をして身体をほぐしてから歩き始めます。これより、怪我の予防となるほか、翌日に疲れが残りづらくなります。著者の場合は、まずラジオ体操第一を行い、その後、膝の屈伸、足のストレッチ、手首・足首の回旋を行います。読者の皆さんも、必ず十分に筋肉や関節をほぐしてから出掛けましょう。

東京都心の
開運ウォーキング

オススメ11コース

増上寺（東京都港区）

都心最強のパワースポット、皇居を歩く

江戸城は、室町時代の武将・太田道灌が長禄元（1457）年に築城。その城郭は、日本最大級の大きさ。そして、都内最強のパワースポットでもあるのです。

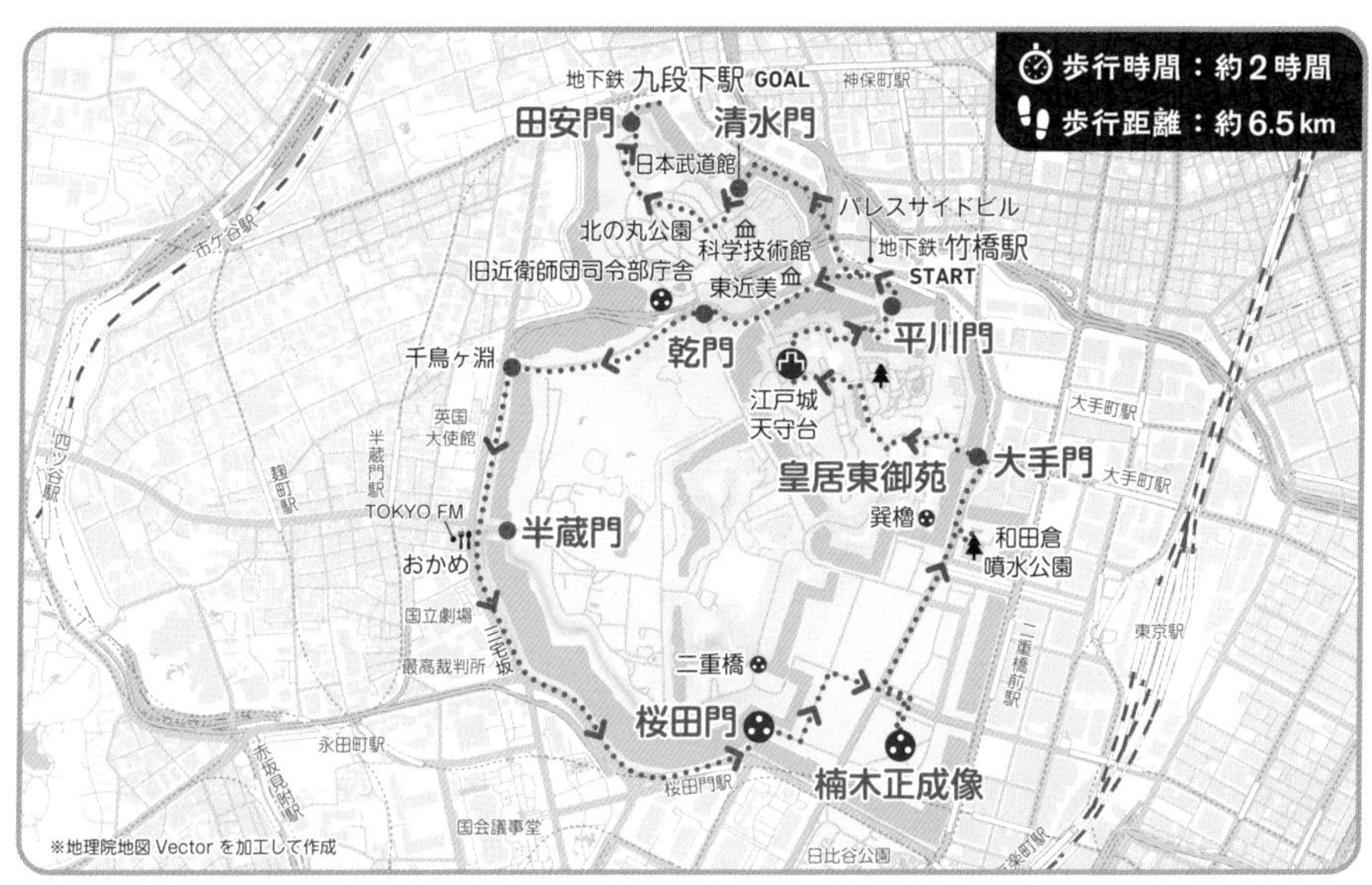

風水は、「気」の流れと街や建物の位置の関係性を知り、邪気を払い、人間が生活するうえでより良い環境を求めようとする、古代中国から続く考え方です。家を建てるとき、水回りはこの方角がいい、マンションの玄関にはこの色の花を置くと運気が高まるなど、風水を生活に取り入れている方も多いと思います。この風水の考えに従えば、源となる場所から気＝パワーが流れ込んで、湧き出るところが良い場所とされます。日本一の山・富士山と秩父山系という強烈な気脈を持つ山々を源とし、この二つの気の流れが交わ

歩道には、およそ100メートルおきに都道府県等の花のレリーフが埋め込まれ、歩く目安となる。

駅ビルのパレスサイドビルは、“日本のビル100選”にも選ばれた名建築。特徴的なエレベーターホールや階段の意匠に注目。
東京都千代田区一ツ橋1-1-1

って一気に湧き出てきているのが皇居とその周辺なのだそうです。つまり、皇居は最強の気が流れ込むパワースポットといえそうです。

今回紹介するコースは、皇居のすぐ外側、内堀通りをほぼ1周するコース。竹橋から千鳥ケ淵にショートカットする代官町通りを通過すれば、信号で止められることのない約5キロの歩道となることから、日々多くの人々がウォーキングやジョギングを楽しんでいます。

スタートは、地下鉄東西線竹橋駅。駅ビルにはカフェやコンビニが揃っているので、出発前準備には重宝します。路上に出ると駅名にもなった竹橋があり、ここを起点に代官町通りを歩き始めます。橋を渡り右手に東京国立近代美術館（東近美）、国立公文書館を見ながらな緩やかな坂を進むと、左手に乾門が、高速道路の出入口を挟んで右手には旧近衛師団司令部庁舎のレンガ造りの重厚な建物が見えてきます。その奥が北の丸公園です。

東京国立近代美術館
東京都千代田区北の丸公園3-1

旧近衛師団司令部庁舎は明治43年の建築。国の重要文化財。
東京都千代田区北の丸公園1

甘味おかめ 麹町店
東京都千代田区麹町1-7

皇居周辺は四季を通じて様々な花々に彩られ、ウォーキングも楽しい。

半蔵門は甲州街道への入口。

楠木正成像は、別子銅山200年記念事業として制作され、寄贈された。
東京都千代田区皇居外苑1-1

さらに進み内堀通りと交差する千鳥ヶ淵交差点で左折。100メートルほど行くと右手に英国大使館が見えてきます。左手のお濠沿いは公園になっており、特に春の桜が見事です。さらに進むと半蔵門交差点に達します。この交差点近くにはTOKYO FMのビルがあり、その隣のビル1階の「甘味おかめ 麹町店」は、あんみつやぜんざいが美味。ランチがまだでしたら軽い食事もでき、とてもオススメです。

内堀通りに戻り、なだらかな下り坂を三宅坂方面に下っていきます。右手には国立劇場、さらに最高裁判所が見えてきます。お濠の向こうには丸の内・有楽町のビル街を望みます。そのままお濠沿いに進むと桜田門に達します。右側にはテレビニュースでおなじみの警視庁本部。左に折れて桜田門から皇居に入ると、なぜだか心が落ち着くような気持ちになると思います。歩を進めると左手には二重橋が見えてきます。皇居随一の撮影スポットです。

二重橋の撮影が済んだら、もう一度内堀通りへ。交差点を丸の内側に渡ると芝生も鮮やかな皇居外苑になっていますが、この公園にある楠木正成像が私のお気に入りです。今にも戦場に向けて走り出しそうな凛々しいお姿にはいつも惚れ惚れしてしまいます。是非お会いになってください。

正成さんに別れを告げ、内堀通りを大手町方面に向かいます。信号を渡ると左手に写真スポットとして有名な巽

天守台
江戸城の天守閣は、明暦3(1657)年の火事で焼失後は、一度も再建されなかった。 皇居東御苑内

巽櫓　東京都千代田区千代田1

本丸跡

和田倉噴水公園　東京都千代田区皇居外苑3-1

桃華楽堂

大手門は江戸城の正門だった。
東京都千代田区千代田1

櫓、右には今上天皇ご成婚を記念して整備された和田倉噴水公園があります。園内のモダンな建物の中にカフェが併設されていますから、小休止にはもってこいです。

　内堀通りに戻りさらに進むと間もなく江戸城の正門・大手門に達します。この門から皇居東御苑に入城します。目指すのは、最も強いパワースポットといわれる天守台、本丸エリアですが、二の丸庭園や忠臣蔵で有名な松の大廊下跡などの見どころも豊富です。天守台付近は、気が流れ込んで吹き出す龍穴があるといわれており、しっかりとそのパワーに浴したいものです。

　パワーをしっかりいただきましたら、桃華楽堂の前を通り平川門経由で再び内堀通りに戻ります。ちなみにこの平川門は、かつて江戸城に勤めていた奥女中などの通用門として使用されました。目の前には竹橋駅のあるパレスサイドビルです。１００メートルほ

豆知識

千鳥ヶ淵戦没者墓苑

千鳥ヶ淵といえば、戦没者墓苑を思い出す人も多い。千鳥ヶ淵交差点を右折して5分ほど。時間があれば立ち寄りたい。
📍東京都千代田区三番町2

皇居東御苑の出入口はこの平川門、大手門、北詰橋門の３ヶ所。

竹橋駅付近

吉田茂像

清水門の右手が武道館。ここから北の丸公園に入ると、休憩スペースやトイレもある。📍東京都千代田区北の丸公園1－1

ど進むとスタート地点の竹橋ですが、そこで信号を渡りそのまま直進。お濠沿いに約３００メートルで清水門、その奥に日本武道館が間近に見えてきます。国の重要文化財でもある清水門から北の丸公園に入ります。

　北の丸公園には、かつて春日局や天樹院千姫の屋敷などがあり、現在でも都心とは思えないほど緑豊かな憩いの場所になっています。石階段を上り、右手に吉田茂像、左手に科学技術館を見ながら進み大通りを右折すると約２００メートルで武道館に至ります。清水門同様に国の重要文化財・田安門を抜けて北の丸公園を出ると右手にゴールの地下鉄九段下駅。

　風水的に最上級のパワーを感じることのできるこのコースは約６・５キロメートルの歩程。皇居東御苑や北の丸公園をじっくり散策すれば、10キロ近くになるものの、その価値は十分にあるといえます。

気軽に巡拝、ぐるっと赤坂

江戸城からも近く、多くの大名屋敷や藩士の住まいが置かれ、古くから栄えた赤坂。時代が下っても、国会議事堂や官庁街から近く、料亭や高級ホテルが立ち並び、今なお国を動かすエリアです。そんな赤坂エリアのパワースポットを巡ります。

START 地下鉄赤坂見附駅
↓徒歩5分)
豊川稲荷東京別院
↓徒歩20分
乃木神社
↓徒歩15分
赤坂氷川神社
↓徒歩15分
日枝神社
↓徒歩3分
GOAL 地下鉄溜池山王駅

都心部には、比較的狭いエリア内に江戸時代から長く親しまれている、著名な寺社が集積している場合が多く、ちょっとしたお出かけの折に巡拝が可能です。また、その途中途中での寄り道も魅力です。このコースもそのようなコースの一つです。

スタートは、地下鉄赤坂見附駅。駅を出ると立体交差の赤坂見附交差点に向かいます。ここから国道246号、いわゆる青山通りを渋谷方面に200メートルほど進むと右側に豊川稲荷東京別院が見えてきます。日本三大稲荷の一社でもある愛知県豊川市の豊川稲

赤坂見附はホテル密集エリア。

豊川稲荷は商売繁盛のご利益で全国的に有名。東京都港区元赤坂1-4-7

「とらや」は室町時代、京都で創業。

乃木神社は、令和5年で鎮座100年を迎えた。
東京都港区赤坂8-11-27

荷は、正式名称は豊川閣妙厳寺という曹洞宗のお寺です。東京別院は、江戸時代に豊川稲荷を篤く信仰し、南町奉行として今も広く知られる大岡越前守忠相公が、このお寺から分霊してお祀りしたのがはじまりです。

一礼して山門をくぐると右手に本殿、その奥に奥の院があり、愛知の本院同様に多くのお狐様が迎えてくれます。弁財天前では〝銭洗い〟もでき、いかにも金運のご利益がありそうな雰囲気です。また境内には七福神が点在しており、散策しながらの七福神巡りもよいでしょう。恋愛成就の愛染明王も人気です。

青山通りに戻り、東京別院の角の交差点で道の反対側に目を向けると、「とらや」の暖簾に気付くはずです。近年、建て替えられたモダンな店舗の3階は「虎屋菓寮」という喫茶室になっており、落ち着いた雰囲気の中で「とらや」の味を楽しめますから、少し早

赤坂氷川神社

徳川吉宗公建立の社殿は、質実剛健。

東京都港区赤坂6-10-12

い小休止にオススメです。

　青山通りをさらに渋谷方面に進み、赤坂郵便局のある交差点を左折、六本木方面に向かいます。約500メートル進むと左手に乃木公園・旧乃木邸があります。ここには日清・日露戦争を戦った陸軍大将乃木希典（1849－1912年）の旧邸宅や愛馬の馬小屋が残っていますが、地味な邸宅に比べ、レンガ造りの立派な馬小屋から、乃木大将がいかに馬を大切にしたかを窺い知ることができます。

　乃木邸のすぐ隣にあるのが、乃木神社。乃木大将とその夫人である乃木静子をお祀りしています。「忠誠の神」と崇敬され、その戦功から勝利の神様としても知られています。また、夫婦で祀られていることから、縁結びの神社として多くのカップルが訪れます。

四合稲荷は、幕末の志士で近くに居住していた勝海舟の命名。
東京都港区赤坂6-10-12

　乃木神社でお参りを済ませたら、赤坂方面に約500メートル進み、赤坂五丁目交番の交差点を右方向に行くと赤坂氷川神社に達します。少し道が分かりづらいので、ここはグーグルマップか交番のおまわりさんのお世話になりましょう。

　天暦5（951）年創祀と伝わる赤坂氷川神社には、素盞嗚尊（すさのおのみこと）、奇稲田姫命（くしいなだひめのみこと）、大己貴命（おおなむちのみこと）が祀られています。8代将軍徳川吉宗が建立した社殿は当時の姿そのままで威厳を感じさせます。東京十社の一社でもあり、特に厄除け・縁結びの神様として知られています。

　お参りを済ませたら、二の鳥居から出て石段を下り、左側に鎮座している四合（しあわせ）稲荷にも是非参りましょう。近くに

裏参道にあたる山王橋はエスカレーター付き。

本殿前では、夫婦の神猿像が参拝者を見守っている。東京都千代田区永田町2-10-5

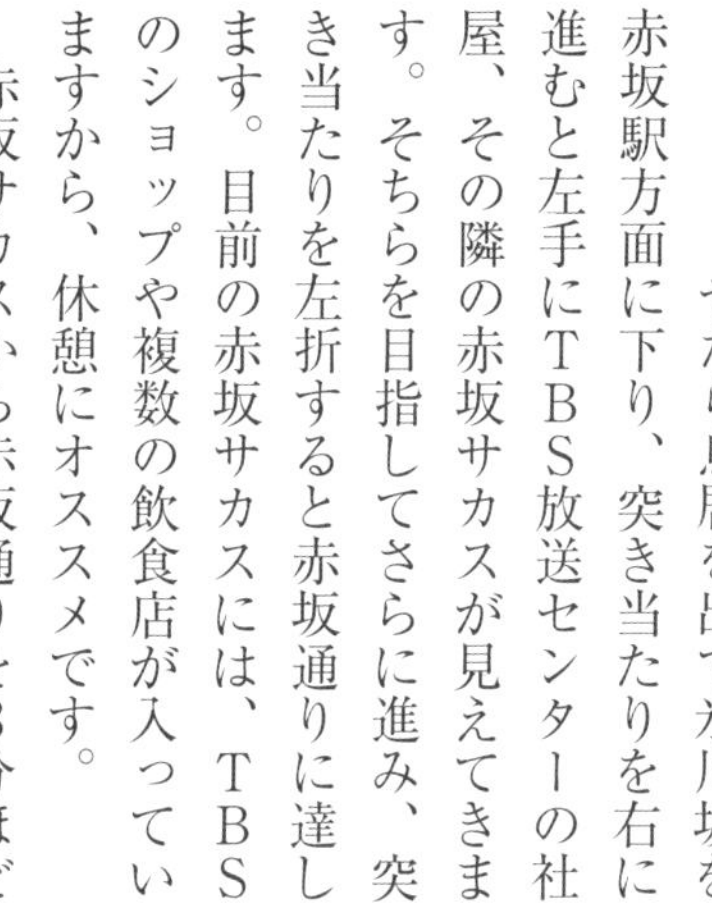

あった四つの稲荷を合祀した神社ですが、その呼び名から幸福のご利益ありと人気です。

四合稲荷側で参拝を済ませたら鳥居を出て氷川坂を赤坂駅方面に下り、突き当たりを右に進むと左手にＴＢＳ放送センターの社屋、その隣の赤坂サカスが見えてきます。そちらを目指してさらに進み、突き当たりを左折すると赤坂通りに達します。目前の赤坂サカスには、ＴＢＳのショップや複数の飲食店が入っていますから、休憩にオススメです。

赤坂サカスから赤坂通りを3分ほど進めば山王下交差点に達します。そこには日枝神社の山王鳥居がデーンと立ち上がっていますから迷うことはないでしょう。一礼して鳥居をくぐって境内に向かいます。ありがたいことにエスカレーター付きです。

日枝神社は、文明10（１４７８）年、太田道灌が川越山王社を勧請したことに始まる江戸城の鎮守。江戸庶民に「山王さん」と親しまれ、赤坂氷川神社同様に東京十社の一社です。御祭神は大山咋神。縁結び、商売繁盛など様々なご利益で知られています。こちらでは神の使者が「神猿」と呼ばれ、狛犬に代わって社殿前にいらっしゃり、授けてくださるお守りもかわいい「まさる守」。

また、赤坂見附寄りの稲荷参道は千本鳥居で知られ、人気のカメラスポットとなっています。ただし、長い階段に多少の覚悟が必要です。

山王下交差点に戻り、新橋方面角に立つ山王パークタワーの付近がゴールの地下鉄溜池山王駅。赤坂見附駅をスタートして約3・5キロ、30分の休憩を挟み、しっかり参拝しても3時間程度の、お手軽都心ウォーキングコースです。

旧芝区縦断！ 芝〜虎ノ門歴史街道

旧東京市の芝区は、現在の虎ノ門周辺から、新橋、三田を含むエリアで、浜松町など江戸時代の埋め立て前は海だったところもあります。今回は、そんな旧芝区を縦断しながら歴史的パワースポットを巡拝します。

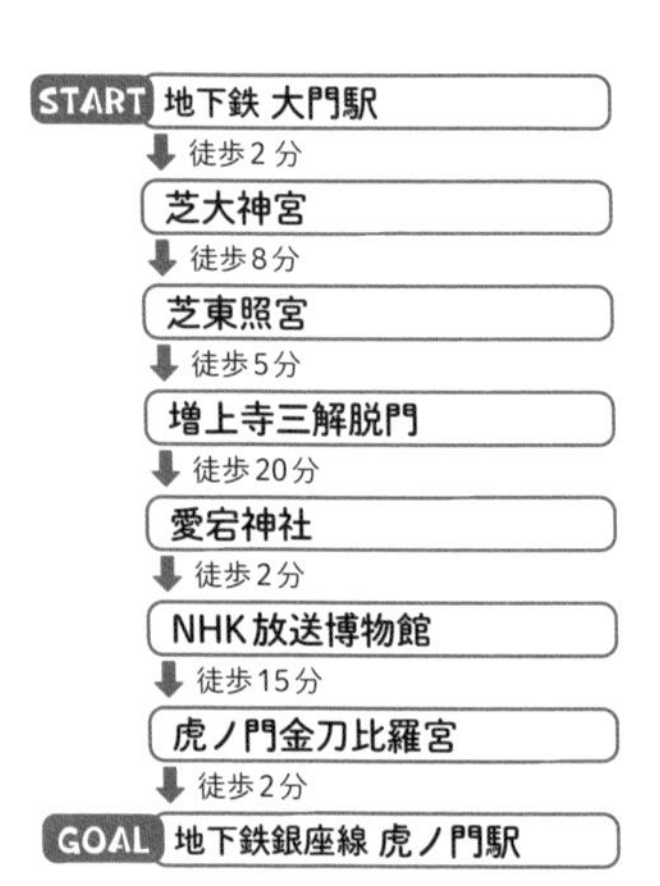

スタートは、地下鉄大門駅。JR浜松町駅とも連絡通路でつながっています。かつては、この駅のあたりまで海岸が迫っていました。駅を出て目の前の大通り、第一京浜（国道15号）を新橋方面に歩き一つ目の角を左折した正面に鎮座するのが寛弘2（1005）年創建、東京十社の一つ芝大神宮です。御祭神は伊勢神宮同様に天照大御神、

増上寺 三解脱門

東京都港区芝公園4-7-35

芝大神宮

太良太良まつりは、毎年9月に実施。生姜市も開催され、生姜祭りとも呼ばれる。
東京都港区芝大門1-12-7

大殿

徳川将軍家墓所

大門

西向聖観世音菩薩

鐘楼堂

芝東照宮

芝東照宮の横には、御神木の大銀杏。
東京都港区芝公園4-8-10

豊受大神。東京大神宮が創建される以前から「関東のお伊勢さま」と信仰を集めていました。広重の浮世絵にも描かれ、往時の隆盛ぶりが想像できます。その当時から縁結びのご利益で知られていたようですが、現在授与されるお守りで人気があるのが、運気倍増の「強運（ごううん）御守」。また、11日間も続けて行われる例大祭の太良太良（だらだら）まつりで授与される「千木筥（ちぎばこ）」や、諸厄を祓う「御膳生姜」は、知る人ぞ知るラッキーアイテムです。

大神宮の裏手から辞して左手に進むと、道路を跨ぐように朱色の門が立っています。駅名の由来ともなった増上寺の旧総門・大門です。そしてその先、日比谷通りを越えると増上寺の中門、国の重要文化財でもある三解脱門。ここまで来たら門をくぐらずに左手に進みます。3分ほど歩いた左手、芝公園の奥に鎮座しているのが芝東照宮です。御祭神は、もちろん徳川家康公。

愛宕神社参道。正面が男坂、右手に女坂。丹塗りの門(写真中)、社殿(写真下)
東京都港区愛宕1-5-3

風車で知られる千躰子育地蔵尊は増上寺の見どころの一つ。1000体を超えている。

日光・上野・久能山と並ぶ四大東照宮に数えられます。家康公の高徳から勝運・出世運のご利益が知られています。3代将軍家光公が自ら植えたと伝わる、樹齢350年を超える銀杏が御神木。パワーを感じずにはいられません。なお、最近では芝公園エリア全体がパワースポットとして人気ですから、時間がある場合は、ゆっくりと散策するのもいいでしょう。

2022年に建立400年を迎えた三解脱門に戻り、増上寺に入山します。浄土宗七大本山の一つ三縁山広度院増上寺は、明徳4（1393）年開山。上野の寛永寺と並び徳川将軍家の菩提寺に定められ、国内屈指の大寺院となります。正面の大殿には本尊阿弥陀如来像が、その右側の安国殿には秘仏「黒本尊」が安置されています。家康公とともに出陣し勝利を祈願したと伝わり、勝運・厄除けの神様として江戸時代から崇敬を集めています。安国殿の前にある西向聖観世音菩薩は、子育てや安産のご利益で知られています。また、裏手には徳川将軍家墓所があり6人の将軍が眠っています。

境内を巡りましたら三解脱門から辞し、日比谷通りを左手、御成門方面へ向かいます。途中、一休みしたいときは通り沿いにある東京プリンスホテルのベーカリーレストランに立ち寄ってもいいでしょう。著者のオススメです。御成門交差点を通過し、次の芝郵便局前交差点を左折、間もなくして愛宕神社前交差点に達します。トンネルが貫

NHK放送博物館

2025年にラジオ放送開始100年を迎える。 東京都港区愛宕2-1-1

虎ノ門金刀比羅宮

東京都港区虎ノ門1-2-7

結神社では、「良縁祈願紐」を社殿横の台に結びつけ、良縁を祈る。

く正面が東京23区内で一番高い山、愛宕山（25・7メートル）。その山頂に鎮座するのが愛宕神社です。

愛宕神社は、徳川家康公の命により慶長8（1603）年創建。御祭神は、火産霊命（ほむすびのみこと）。参道から大鳥居をそのまま進むと「出世の石段」として知られる男坂。右手に女坂。上って一の鳥居、その先が丹塗りの門、社殿となります。御祭神が、火の神とも称せられることから防火・防災のご利益が大きいとされます。傾斜40度の86段の石段を馬で駆け上がった曲垣平九郎（まがきへいくろう）の故事から、出世祈願や商売繁盛を願って訪れる人も多くいます。

愛宕神社と同じ山頂には、NHK放送博物館があります。愛宕山は、日本のラジオの本放送がスタートした、〝放送のふるさと〟なのです。懐かしい展示も多いうえに入場無料ですから、足を運んでみてもいいでしょう。

愛宕山を裏参道から下りて少し進んだ大通りが桜田通りです。この通りを右手に進みます。右側に虎ノ門ヒルズなどの高層ビルが立ち並ぶ中を500メートルほど進むと、左手の高層ビルの一角に鳥居が現れ、その奥に銅葺きの屋根が見事な社殿が見えます。虎ノ門金刀比羅宮です。

創建は万治3（1660）年。丸亀藩藩主・京極高和が、本宮の御分霊を江戸の藩邸のあった地に勧請したことに始まります。御祭神は、大物主神（おおものぬしのかみ）、崇徳天皇（すとくてんのう）。本宮同様、古くから海上守護や殖産興業の神様として知られています。また、境内の末社の一つ結神社は、江戸時代から縁結びの神様として信仰され、今なお良縁を望む多くの女性たちが訪れています。

再び桜田通りに戻り左手に50メートル進めばゴールの地下鉄虎ノ門駅、その先遠く突き当たりが皇居桜田門です。

早稲田通りで７パワースポット巡り

早稲田通りは田安門交差点から発して神楽坂、高田馬場を経て、青梅街道との交差点までの約15キロの幹線道路。沿道には多くの大学が点在しています。今回は、このうち田安門から早稲田までの周辺寺社を巡拝します。

START	地下鉄 九段下駅（1番出口）
	↓ 徒歩2分
	靖國神社
	↓ 徒歩5分
	築土神社
	↓ 徒歩8分
	東京大神宮
	↓ 徒歩10分
	善國寺
	↓ 徒歩6分
	赤城神社
	↓ 徒歩20分
	穴八幡宮
	↓ 徒歩1分
	放生寺
	↓ 徒歩2分
GOAL	地下鉄東西線 早稲田駅

スタートは、複数の路線が乗り入れる地下鉄九段下駅。九段坂下から市ヶ谷駅方面に100メートル上ったところが田安門交差点。左手に日本武道館、右手奥に靖國神社です。

靖國神社は、HPによれば「国家のために一命を捧げられた方々の霊を慰め、その事績を後世に伝えること」を目的に、1869年に建てられた招魂社が起源。祀られている戊辰戦争や西南戦争、第一次・第二次世界大戦などで命を落とした方々、246万6000柱あまりの神霊（みたま）が御祭神です。坂本龍馬や吉田松陰も祀られています。

日本に西洋式軍隊を初めて導入した大村益次郎の像。その奥が第二鳥居。
📍東京都千代田区九段北3-1-1

豆知識

この大村益次郎像に、上野恩賜公園の西郷隆盛像、皇居外苑の楠木正成像を加えた3像は、「東京三大銅像」と呼ばれる。写真は、楠木正成像。

参道正面にドーンとそびえる耐候性鋼の第一鳥居は、日本最大級の鳥居として知られています。一礼して足を踏み入れると目の前の高い台座の上にいらっしゃるのが大村益次郎です。日本初の西洋式銅像です。その奥に青銅製の鳥居としては日本最大の第二鳥居、神門を経て中門鳥居の先が拝殿です。それぞれ考え方や参拝の手法の違いはあれ、国のために尽くした方々のご遺徳に身が引き締まる思いです。

　参拝を済ませたら、一の鳥居を出て左折、右側の坂を上って交差点を右折。約100メートル下った右手のビルの奥に鎮座するのが、築土神社です。創建は天慶3（940）年、主祭神は、天津彦火邇々杵尊（あまつひこほのににぎのみこと）。平将門も祀られることから武運長久のご利益で知られ、お正月に授与される「勝守」が人気です。

　坂を下り信号を左折して飯田橋駅方面に向かうと、左手に「東京大神宮」

神前結婚式発祥の地としても知られる東京大神宮。
東京都千代田区富士見2-4-1

ビルに挟まれて鎮座する築土神社。
東京都千代田区九段北1-14-21

江戸の三毘沙門天として崇敬を集める善國寺。
東京都新宿区神楽坂5-36

の大きな表示。「東京のお伊勢さま」として親しまれる東京大神宮は、伊勢神宮の遥拝殿として明治13（1880）年に創建されました。したがって御祭神は、伊勢神宮同様に天照大御神、豊受大神、倭比売命。特に都内でも屈指の縁結びのご利益で知られています。また境内に祀られる飯富稲荷神社は、商売繁盛・家業繁栄の霊験で評判ですから、併せて参拝しましょう。

参拝を済ませたら、右手に少し歩き、早稲田通りに出て飯田橋方面に向かいます。外堀通りと交差する神楽坂下交差点をそのまま直進、にぎやかな神楽坂商店街へと入って行きます。カフェや食事処も多いので、休憩場所に目移りしてしまうかもしれません。5分ほど進むと左手に朱色の山門が現れます。文禄4（1595）年創建の毘沙門天善國寺です。安置される毘沙門天は、水戸の黄門様で知られる徳川光圀公もかつて信心されたと伝わります。

赤城神社

かつて日枝神社、神田神社とともに「江戸三社」とされた赤城神社。
東京都新宿区赤城元町1-10

開運コラム

神楽坂若宮八幡神社
東京都新宿区若宮町18

神楽坂の地名の由来には諸説あるが、若宮町の若宮八幡神社の祭礼で奏でられた神楽が坂道まで聞こえたことに由来するとも伝わる。神楽坂若宮八幡神社は、鶴岡八幡宮の若宮を分祀して文治5（1189）年に創建された古社。

毘沙門天は多聞天ともいわれ、様々なお悩みを聞いてくれる神様なのですが、こちらは金運アップで人気のようです。

山門を出て左に進み、神楽坂上交差点をさらに直進すると地下鉄神楽坂駅出入口が右手にあります。この角を入った先が赤城神社。群馬県の赤城神社の御分霊をお祀りして、1300年頃に創建されたと伝わる神社です。御祭神は、赤城姫命（あかぎひめのみこと）と磐筒雄命（いわつつおのみこと）。近年立て替えられたモダンな社殿前にはおしゃれなカフェが併設され、マルシェや寄席なども開催されているそうです。赤城姫命は、女性の願いを叶えてくださることで知られ、特に良縁成就、夫婦円満などを願って日々多くの女性が参拝しています。また、末社の螢雪天神は、戦火で焼失後、旺文社の寄進により復興。合格祈願に訪れる方が絶えません。

参拝後、早稲田通りに戻り、高田馬

場方面へと向かいます。道なりに約1・5キロメートル進むと馬場下町交差点に達します。この交差点角に鎮座しているのが、1000年近い歴史を有する穴八幡宮です。御祭神は、応神天皇、仲哀天皇、神功皇后。名前の通り「放生会(ほうじょうえ)」で知られる旧別当の放生寺とともに江戸時代から「虫封じ」のご利益で信仰を集めています。そして、穴八幡宮といえば「一陽来復」のお守りです。冬の後に必ず春が来ることから、良くないことがあっても、その後に必ずいいことがあると祈念するこのお守りは、毎年12月の冬至から2月の節分までの間、全国で唯一、こちらで授けてくださいます。著者も毎年訪れますが、授与いただいたお守りを自宅でお祀りする時間が重要なのでお忘れなく。また、放生寺境内にある神変(じんべん)大菩薩は、弱った足腰に効能ありと評判です。

参拝後、早稲田通りを少し戻れば地下鉄早稲田駅。JRや西武線も乗り入れる高田馬場駅までは早稲田通りをそのまま進んで15分ほど。都合の良い方をゴールにしましょう。

穴八幡宮

冬至の日には毎年多くの参拝者が訪れる穴八幡宮。
📍東京都新宿区西早稲田2-1-11

放生寺

放生寺の神変大菩薩では草履を奉納する慣わし。
📍東京都新宿区西早稲田2-1-14

豆知識

神楽坂エリアには寺社が多いが、ここで紹介している寺社以外で最も古い神社が、今から1200年ほど前の嵯峨天皇時代に創建された、現在の町名にもなった筑土八幡神社。

筑土八幡神社
📍東京都新宿区筑土八幡町2-1

和・洋・中のご神徳を～御茶ノ水から根津、白山へ

１都３県には、2000近い教会が集積しており、それらの中には、各宗派の伝統と格式が感じられる名建築も多いのです。

　都内やその近郊には、多くの著名な神社仏閣に加え、キリスト教教会やイスラム教モスクも多くあります。中には歴史的な名建築も多く、一度は足を運びたいところも多々あります。このコースは、和・洋・中それぞれの趣あるパワースポットへの巡拝です。

　スタートはＪＲ御茶ノ水駅。聖橋口に出ます。目の前の高層ビル、新お茶の水ビルディングの後ろ側に鎮座するのが日本で最も有名な教会の一つ、東京復活大聖堂、通称ニコライ堂です。日本で初めて本格的なビザンチン様式を取り入れた日本ハリストス正教会の

豆知識

大成殿

1872年、湯島聖堂に日本初の博物館が設置された。また、日本の図書館発祥の地でもある。

湯島聖堂

台湾から寄贈された孔子像は世界最大。意外にも、湯島聖堂では御朱印がいただける。
📍東京都文京区湯島1-4-25

ニコライ堂

ニコライ堂は月曜日が休館。拝観献金は300円。📍東京都千代田区神田駿河台4-1-3

神田明神

📍東京都千代田区外神田2-16-2

神田神社のだいこく様は石造りとしては日本一を誇る。

総本山で、1891年竣工。英国人建築家、ジョサイア・コンドルの設計で、国の重要文化財に指定されています。荘厳な大聖堂内には多くのイコンなど歴史的な品々が所蔵されていますから是非拝観を。

ニコライ堂を辞してもと来た道を戻り、聖橋を渡ってすぐ右手に鎮座するのが湯島聖堂です。中国から伝来した儒学の学校として元禄3（1690）年に5代将軍綱吉公が創設し、寛政9（1797）年には幕府直轄の「昌平坂学問所」となり、幕末まで旗本や御家人の教育機関でした。明治以降は、現在の筑波大学やお茶の水女子大学の基礎が築かれた、いわば日本の近代教育発祥の地でもあります。孔子廟だった大成殿には孔子と孟子・顔子・曽子・子思の四賢人が祀られ、合格祈願や学業成就をお祈りする方が絶えません。

湯島聖堂前交差点を秋葉原方面に1

湯島天神

湯島天神といえば梅。春の梅まつりは大勢の参拝者で境内がにぎわう。
東京都文京区湯島3-30-1

根津教会

小さいけれど洗練された意匠の根津教会。
東京都文京区根津1-19-6

旧岩崎邸庭園

東京都台東区池之端1-3-45

００メートルほど進むと、左手に青銅の鳥居が現れます。神田の明神様として「銭形平次」「半七捕物帳」でもおなじみの江戸総鎮守・神田明神、正式名は神田神社です。東京十社の一社で、天平２（７３０）年創建。御祭神は、大己貴命、少彦名命（すくなひこなのみこと）、平将門命の三柱。縁結び、商売繁盛、除災厄除で知られ、特にビジネスパーソンからの篤い信仰を集め、お正月はスーツ姿の方々で溢れます。また、境内にある文化交流館「ＥＤＯＣＣＯ」にはカフェと土産物店があるので、休憩にオススメ。

参拝したら、裏参道の階段を下り、左方面に50メートル、清水坂下交差点を右折。約10分歩くと突き当たりが湯島天満宮、いわゆる湯島天神です。雄略天皇２（４５８）年創建と伝わる古社。御祭神は、天之手力雄命（あめのたぢからをのみこと）、菅原道真公。学業成就だけではなく、縁結びや病気快癒祈願で多くの方が訪れます。また江戸時代には、富くじ（今の

開運コラム

「東京十社」とは

明治元年、明治天皇は皇居を守護する神社として、12の神社を定めました。この12社を准勅祭社と呼びます。戦後になり、昭和天皇即位50年を記念して、このうち10社を巡る「東京十社巡り」が企画され、その対象となったのが東京十社です。ここで紹介する、根津神社、神田神社、白山神社に加え、富岡八幡宮（P61）、王子神社、亀戸天神社、赤坂氷川神社（P44）、日枝神社（P45）、芝大神宮（P47）、品川神社の皇居近郊の10社となります。

なお、残る2社は大國魂神社（府中市／P126）と鷲宮神社（久喜市）です。それぞれにご神徳の大きい神社ばかりですから、是非、巡拝を計画されてはいかがでしょうか。

根津神社

根津神社は江戸城の真北の守護。つつじの名所としても知られる。
東京都文京区根津1-28-9

宝くじ）の発売場所として人気だったことから、勝運、当選祈願でも知られています。

参拝が終わりましたら、裏参道の夫婦坂を下ります。天神下交差点方面に向かい、一つ目の角を左に折れると、間もなく旧岩崎邸庭園が左手にあります。現存する洋館はニコライ堂と同じくコンドルの設計による国の重要文化財です。時間が許せば立ち寄ってみましょう。

続いて不忍池に沿った大通りを根津方面へと向かいます。地下鉄根津駅のある根津一丁目交差点を越え、三つ目の路地を左折します。すると左手にかわいらしい教会が現れます。国の登録有形文化財、日本基督教団根津教会です。1919年に建てられた当時の姿を今に伝える西洋スタイルの教会ですが、著者が訪れたときは中に入ることができませんでした。一度、内部を見学したいものです。

白山神社

アジサイの名所としても知られる白山神社。
📍東京都文京区白山5-31-26

　教会を背中に、左、右と進むと、根津神社の表参道に至ります。一礼して鳥居をくぐり、神橋を渡ると重要文化財の楼門です。権現造りの社殿も重要文化財で1706年に完成。気持ちが引き締まります。根津神社は、1900年ほど前に日本武尊が創祀したと伝わる古社。東京十社の一社でもあります。御祭神は、須佐之男命、大山咋命、誉田別命の三柱。諸厄封じ、商売繁盛などのご利益で知られています。境内にある乙女稲荷神社は、縁結びのご利益が大きいとされ、連日良縁を祈願する方が絶えません。また、この社を挟んで延びる千本鳥居は、北から南に抜けることで邪気払いできます。

　参拝を済ませたら北口参道から辞し、根津裏門坂を左手に進み、突き当たりを右折。さらに500メートルほど進むと、向丘二丁目交差点に出ます。この交差点を左折し、少し進むと白山上交差点。この交差点を左方向に直進し一つ目、都営地下鉄白山駅付近を右折するとその突き当たりが白山神社です。こちらも東京十社の一社です。天暦2（948）年創建で、加賀一ノ宮・白山比咩神社から分霊してお祀りしたのが起源で、御祭神は菊理姫命、伊弉諾命、伊弉冉命の三柱。白山比咩神社は縁結びの神様として全国から参拝者が絶えませんが、こちらの白山神社も同様に縁結び・恋愛成就のご利益で知られています。白山駅に戻ってゴールです。

豆知識

駒込大観音

向丘2丁目交差点を、千駄木方面に5分ほど進むと左手に光源寺。その境内のモダンな建物が観音堂。中には、高さ6メートルの十一面観音が鎮座。都内最大級の観音様として知られる。
📍東京都文京区向丘2-38-22

深川散策

旧東京市深川区の中心、今の門前仲町付近はかつて大寺院として栄えた永代寺の門前町。下町の風情漂うこの町から、最近はおしゃれなカフェが立ち並ぶ清澄白河まで歩いていると、神社仏閣も多いパワースポットエリアであることが分かります。

スタートは、地下鉄東西線と大江戸線が交差する門前仲町駅。1番出口を出て目の前の永代通りを木場方面に少し歩くと、すぐに朱の美しい大鳥居が目に飛び込んできます。そこから富岡八幡宮正面参道です。一礼して鳥居をくぐると左手に江戸時代の測量家・伊能忠敬の銅像。彼はかつてこの界隈に住み、測量の旅に出る際は、必ずこの宮を参拝したといいます。その先には、江戸三大祭りの一つ深川八幡祭りで繰り出す大きな神輿が展示されています。一方、右側に目を向けると歴代大

富岡八幡宮

御本殿前や参道を会場に、月に３～４回のペースで開催される骨董市も人気。

朱も鮮やかな大鳥居。七渡神社は右手奥の弁天池の先。
東京都江東区富岡1-20-3

伊能忠敬は50歳の時に深川に転居、その後日本中を実測して回った。

永代寺

東京都江東区富岡1-15-1

関の顕彰碑が立っています。この宮は勧進相撲発祥の地でもあったのですね。奥には横綱力士碑もあり、境内の資料館には相撲に関する資料も数多く展示されています。

　参道を進み左手の手水舎で清めてから本殿へと向かいます。東京十社の一社である富岡八幡宮の御祭神は応神天皇（誉田別命）です。創建は寛永4（1627）年、江戸最大の八幡様として昔も今も親しまれています。商売繁盛、縁結びなど様々なご利益で知られています。

　こちらのお宮には17の末社が鎮座していますから、それぞれ参拝するのもよいでしょう。特に、七渡弁天といわれる七渡神社には是非参りましょう。弁財天の使いの白蛇が、度々実際に目撃されているそうです。もしお会いすることができたら大きな金運をもたらしてくれるかも。

　参拝を済ませ、大鳥居を辞してもと来た道を駅出入口まで戻ると、右手に「成田山」と記された赤門が目に入ります。ここから深川不動堂の参道となります。参道にはカフェや名物「深川めし」を出す料理店もありますから、小休止にはよいでしょう。しばらく進むと再興された永代寺がありますが、残念ながらかつて大寺として栄えたという面影を感じることはできませんでした。その先が成田山新勝寺の東京別院・深川不動堂です。

深川不動堂

本堂の壁は、お不動様のありがたい言葉「真言梵字壁」で包まれている。
東京都江東区富岡1-17-13

赤門から本堂まで続く参道は、「人情深川ご利益通り」。

心行寺

東京都江東区深川2-16-7

法乗院 深川ゑんま堂

ゑんま座像からは、コンピュータ制御で説法を聞くことができる。
東京都江東区深川2-16-3

豆知識

江東区深川江戸資料館
長屋、八百屋、火の見櫓など、江戸末期の深川の町並みを実物大で再現。当時の庶民の暮らしぶりと江戸の下町情緒を体感でき、特に歴史好きな方にオススメ。清澄白河駅から徒歩3分。観覧料大人400円。 東京都江東区白河1-3-28

御本尊は不動明王。江戸中期、成田詣が商人を中心におおいに流行、さらに子どもに恵まれなかった当時人気の歌舞伎役者・初代市川團十郎が、成田山に祈願した結果、子どもを授かったことから、成田山のご利益を取り上げた芝居を上演。瞬く間に庶民にも成田山信仰が浸透したといいます。その後、本尊を分霊し深川の地に遷座したのが明治14年。江戸から明治にかけての庶民の働きかけで実現したそうです。

境内に入ってすぐ左側に深川龍神があります。こちらに「願い札」を浮かべて願い事を龍神様に届けます。右手には開運出世稲荷。御本尊同様に新勝寺境内にある出世稲荷からの分霊です。正面が旧本堂、その奥が内仏殿、旧本堂左手が本堂です。こちらで行われる護摩祈祷は心身を浄化し、煩悩を払い開運を招くと評判です。旧本堂には日本最大級の木造不動「おねがい不動尊」が鎮座。しっかり願い事をお伝

清澄庭園は、まさに都会のオアシスと言うに相応しい。

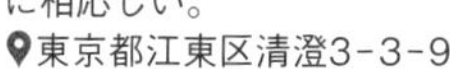
東京都江東区清澄3-3-9

えしたら後方に回り込み、地下1階地上4階構造の内仏殿に進みます。1階には渡ることで大日如来のお力を授かることができる「阿字橋」や「十二支守り本尊」などが。2階には四国八十八カ所霊場。4階にある宝蔵大日堂の天井画は必見です。多くの神様の力で様々な願い事が叶えられるとともに、厄難解消へと導いてくれるのがこの深川不動堂なのです。

赤門まで戻り右手に進み、門前仲町交差点を右折し清澄通りに入って300メートルほど進むと、右手に法乗院があります。真言宗豊山派のお寺です。こちらの「ゑんま堂」には、高さ3・5メートルもある日本最大の閻魔大王像が鎮座しています。また、本堂の「地獄極楽絵」もよく知られています。

法乗院のすぐ隣が浄土宗のお寺、心行寺です。境内に入って左手の六角堂に深川七福神の福禄寿が安置されています。健康長寿をお祈りしましょう。

清澄通に戻り、右方向深川方面に進みます。仙台堀川を渡ると、その左手一帯が都指定名勝・清澄庭園です。大名庭園に用いられた回遊式林泉庭園で、もとは豪商・紀伊国屋文左衛門のお屋敷でした。その後、三菱財閥の岩崎弥太郎が買い取って整備を進め、明治を代表する庭園が完成したのです。その筋から察するに、金運アップ間違いなしですね。池を中心に築山、複数の島で構成される園内は、静寂な雰囲気の中でマイナスイオンに浴しながら散策することができます。入園料150円。

庭園でゆっくりしたら、ゴールの清澄白河駅は目の前です。近年、この一帯には自家焙煎コーヒー店やおしゃれなカフェが多く出店し、〝サードウェーブコーヒーの聖地〟ともいわれていますので、立ち寄ってみてもよいでしょう。

サクッと1時間。日本橋七福神巡り

江戸時代、日本橋は町人町として栄えました。現在も休むことなく開発が続けられている一方で、下町情緒ある町並みも残され、革新と伝統とが渾然一体となった、不思議な雰囲気を醸し出しており、それが魅力となっています。

START 地下鉄半蔵門線 水天宮前駅
↓ 徒歩1分
水天宮
↓ 徒歩5分
茶ノ木神社
↓ 徒歩5分
小網神社
↓ 徒歩10分
椙森神社
↓ 徒歩15分
笠間稲荷神社 東京別社
↓ 徒歩5分
末廣神社
↓ 徒歩5分
松島神社
↓ 徒歩3分
GOAL 地下鉄半蔵門線 水天宮前駅

日本橋七福神巡りは、数ある七福神巡りの中にあって、最も短いコースといわれています。概ね1～1・5時間で巡拝でき、なおかつ平坦ですから、開運ウォーキングの入門コースとして体力に自信がない方にもオススメです。また、コースは日本橋や人形町といったエリアなので、今も残る江戸情緒を感じられます。

スタートは、地下鉄半蔵門線水天宮前駅。その駅のほぼ真上に水天宮があります。弁財天（宝生弁財天）が境内に鎮座。水天宮は水難除災、安産・子授けのご神徳で知られていますが、こ

約200年前、久留米の水天宮総本宮より久留米藩主が勧請し江戸に鎮座。
📍東京都中央区日本橋蛎殻町2-4-1

かつて周りをお茶の木で囲まれていたことから、茶ノ木神社と呼ばれるようなった。
📍東京都中央区日本橋人形町1-12-10

水天宮境内の子宝いぬ。

ちらの弁財天は、芸事・金運のご利益が高いと篤く信仰されています。

次に向かうのは、新大橋通りと水天宮通りの交差する水天宮前の交差点にある、塩せんべいで有名な三原堂本店裏手の、布袋尊を合祀する茶ノ木神社です。もとは下総佐倉藩主大老・堀田家の中屋敷の屋敷神。この屋敷周辺は、火事の多い江戸にあって長年火災が起こらなかったことから、防災・生産のご神徳があるとされています。

茶ノ木神社を辞して人形町方面に向かい、大きめの交差点を左折、右手にある区立日本橋小学校の少し先に、ビルに囲まれるように鎮座しているのが健康長寿の福禄寿のいらっしゃる小網神社。文正元（１４６６）年創建。悪疫鎮静の神様をお祀りしています。この神社のお守りを授かって戦地に赴いた兵士全員が無事帰還したことからも、強運厄除けのご利益で知られています。

椙森神社

椙森神社のはじまりは平安中期と伝わる。江戸時代には多くの大名からも崇敬を集めた。
📍東京都中央区日本橋堀留町1-10-2

豆知識

東京銭洗い辨天

小網神社社務所前に鎮座する、船に乗った弁天様は、萬福舟乗弁財天と称され、その前には、銭洗いの井がある。この井でお金を清めたうえで財布に収めておくと、金運が授かると信仰されており、多くの参拝者が訪れる。場所柄、証券関係者の参拝も多いとか。

笠間稲荷神社東京別社

東京別社は、安政6(1859)年に笠間藩主が御本社から分祀。
📍東京都中央区日本橋浜町2-11-6

小網神社

小網神社の創建は室町中期と伝わる。境内の東京銭洗い弁天でも知られる。
📍東京都中央区日本橋小網町16-23

小網神社を背中に左方面に進み、信号を越え、区立堀留児童公園方面に約6分、堀留町交差点の近くにあるのが椙森神社。商売繁盛の恵比寿様が鎮座されています。こちらには江戸時代の宝くじ「富興行」の記念塚があることから、くじ運を祈念する方が多く訪れます。

堀留町交差点から水天宮方面に向かい、人形町交差点を左折、そのまま進み久松警察署前交差点の少し先右側に、寿老神のいらっしゃる笠間稲荷神社 東京別社が鎮座しています。こちらは日本三大稲荷の一つ茨城県の笠間稲荷神社を分祀した神社で、五穀豊穣に加え福徳長寿のご利益があります。

久松警察署前交差点に戻り左折、二つ目の道を右折すると、1分ほどで右手に両側をビルに挟まれた、末廣神社を見つけられるはずです。江戸時代初期、この地にあった吉原の地主神・産土神として祀られたのが起源です。こ

神職が不在がちなので、「良夢札」を求める際は事前に連絡したほうがよい。
東京都中央区日本橋人形町2-15-2

末廣神社にある「徳の石」は、上にお金を置いて祈ると蓄財運が高まるという。
東京都中央区日本橋人形町2-25-20

甘酒横丁

開発が進む日本橋エリアにあって、昔ながらの雰囲気を残すのが人形町界隈だ。その中でも甘酒横丁は、人気の散策ストリート。かつて、味が評判の甘酒を出す店があったことから、この名が付いたという。現在も、老舗の菓子店や飲食店が軒を連ねる一方で、おしゃれなカフェや雑貨店も立ち並び、来訪者を飽きさせない。また、夕方からは、雰囲気のあるバーや居酒屋の明かりが、酔客のみならず多くの大人を惹きつける。

ちらの毘沙門天は、勝運向上、病気平癒、福徳繁栄など多聞天の別名通りの幅広いご利益です。

末廣神社を背に右方向に進み、大門道りを左折し約200メートル。新大橋通りの手前左側のビルの奥に鎮座しているのが、大黒天を安置する松島神社。かつてこの界隈は海で、そこに浮かぶ小島に創建された神社。島が松に覆われていたことにより、この名が残るそう。大国主神をはじめ十四柱の神様が祀られています。この神社で授与される「良夢札」は、枕の下に敷いて眠ると夢が正夢になるそうです。

新大橋通りに出て右に向かえば、ゴールの水天宮前駅。迷わず巡拝すれば1時間程度の歩程ですが、甘酒横丁界隈をゆっくり散策したり、すき焼きの「人形町今半」、洋食の名店「芳味亭」「小春軒」、寿司の「六兵衛」等々、伝統ある下町グルメを堪能したりするのもオススメです。

懐かしい下町風情を堪能 ～浅草名所七福神巡り

浅草は、歴史、芸能、グルメ等々、どんな来訪者も飽きさせることのない、ワンダーランド。雰囲気を味わいたいのなら、この七福神コースは絶対にオススメです。

歩行時間：約2時間　歩行距離：約7km

※地理院地図 Vector を加工して作成

START 浅草駅 → 徒歩5分 → 浅草寺 → 徒歩1分 → 浅草神社 → 徒歩10分 → 待乳山聖天 → 徒歩5分 → 今戸神社 → 徒歩15分 → 橋場不動尊 → 徒歩5分 → 石浜神社 → 徒歩30分 → 吉原神社 → 徒歩7分 → 鷲神社 → 徒歩20分 → 矢先稲荷神社 → 徒歩8分 → 地下鉄銀座線 田原町駅 GOAL

世に七福神巡り多々あれど、著者が回った中で最も好きなのがこのコースです。にぎやかな浅草寺周辺から、下町情緒が残るエリア、そして花街、道具街と、歩いていて全く飽きさせない構成。その昔、この七福神を組んだ人はきっと才気ある人だったのでは、と思わずにはいられません。全体として楕円形のコースで、どこからスタートしてもよいのですが、定番の浅草寺出発ルートをご案内します。なお、このコースは七福神ですが、9寺社を巡拝します。

スタートは浅草駅。東京メトロでも、東武線でも、つくばエクスプレスでも

浅草寺

かつて国宝だった浅草寺本堂は東京大空襲で焼失、昭和33年に再建された。
📍東京都台東区浅草2-3-1

浅草神社

浅草神社の社殿は、国の重要文化財に指定。
📍東京都台東区浅草2-3-1

待乳山聖天

本堂上部に健康・一家和合を表す大根、商売繁盛を表す巾着の彫刻。
📍東京都台東区浅草7-4-1

駅から浅草寺までは観光客の流れに乗って行けば大丈夫。途中、修学旅行生や外国人観光客に交じって、国内最古の商店街の一つといわれる仲見世で買い物もよいかも。

　起源は飛鳥時代にまで遡り、現在は〝浅草の観音様〟と親しまれる金龍山浅草寺は、同寺を大本山とする聖観音宗のお寺です。御本尊は聖観世音菩薩。水難、火難など降りかかる七難から、人々を救ってくださります。境内には五重塔、総門の雷門をはじめ見どころ満載。七福神の大黒天は、影向堂(ようごうどう)に安置されています。

　浅草寺の本堂に向かって右手に鎮座するのが、三社祭で有名な浅草神社。明治の神仏分離により浅草寺と切り離されました。本殿や拝殿は国の重要文化財。御祭神は、土師真中知命(はじのまなかちのみこと)、檜前浜成命(ひのくまのはまなりのみこと)、檜前武成命(ひのくまのたけなりのみこと)のいわゆる三社様。五穀豊穣、諸厄封じなどのご利益が知られています。一対が寄り添って境内に立つ「夫婦狛犬」にも良縁、恋愛成就祈願される方が多く訪れます。七福神では恵比寿様が祀られています。

　重要文化財の二天門から辞して、そのまま直進し、東参道交差点を左折、300メートルほど進んだ左手にあるのが本龍院、通称・待乳山聖天(まつちやましょうてん)です。推古天皇9(601)年創建と伝わる、浅草寺と同じ聖観音宗の寺院です。御本尊は人々を苦しみから救ってくださる大聖歓喜天。七福神では毘沙門天を

1189年、源頼朝が社殿を寄進し、大社として隆盛した石浜神社。
東京都荒川区南千住3-28-58

猫好きにはたまらない今戸神社。絵馬にも招き猫があしらわれている。
東京都台東区今戸1-5-22

不動院の本堂は1845年の創建。
東京都台東区橋場2-14-19

お祀りしています。聖天様御供養に大根をお供えすることで、ご利益が一層高まるそうで、境内では大根が売られていました。お正月の「大根まつり」も有名です。

　参拝を済ませたら、もと来た道を左手にさらに進みます。はじめの二股を左手に200メートルほど進むと、左手に縁結びの招き猫で知られる今戸神社が鎮座しています。創建は康平6（1063）年。御祭神は、応神天皇、伊弉諾尊、伊弉冉尊、そして七福神の福禄寿です。招き猫発祥の地ともいわれ、境内は多くの猫の置物でにぎやか。なでると良縁に恵まれるという「石なで猫」は特にお忘れなく。

　再びもと来た道に出て左方向に進み、一つ目の信号を右折し、突き当たりを左折。道なりに10分ほど進みますと、左手の駐車場奥に鎮座しているのが、天台宗橋場寺不動院、通称・橋場不動尊です。天平宝字4（760）年開山の古刹。ご本尊は不動明王で、特に火伏せに霊験あらたかといわれます。七福神では布袋尊が祀られています。

　もと来た道に戻り、さらに100メートル進み、白髭橋西詰交差点をそのまま渡ると、目の前に鎮座するのが石浜神社です。古い石造りの第一鳥居の前に「石濱茶寮～楽～」という境内カフェがあるので、一休みにオススメです。創建は神亀元（724）年。御祭神は、天照大御神、豊受大神。七福神では寿老神が祀られています。比較的

鷲神社拝殿正面の「なでおかめ」は、鼻をなでれば金運上昇と伝わる。
東京都台東区千束3-18-7

吉原神社

合祀された5社のうち最も古い九朗助稲荷社の創建は和同4（711）年と伝わる。東京都台東区千束3-20-2

新しくスマートな拝殿を正面とし、その周辺にいくつかの境内社が鎮座していますが、そのうち麁香神社（あらかじんじゃ）は大工、建築の神様として知られています。また、江戸時代は風光明媚な場所として人気があり、境内にある富士遥拝所がそれを偲ばせます。

一礼して鳥居を退出したら、次の吉原神社を目指し約30分の歩程です。もと来た道を橋場二丁目交差点まで戻って右折。昔ながらの商店街といった趣のアサヒ会通りに入り、直進します。しばらくすると通りが日の出会商店街に変わります。昭和レトロな雰囲気。吉原大門の交差点から先が、時代小説や落語でもおなじみの旧吉原遊郭エリアです。大門わきには、花魁との別れを惜しんで、多くの客がここで振り返ったという「見返り柳」があります。そのまま進んだ先の仲之町通りは、あまり目にすることのない店舗の連続で、その刺激にキョロキョロしながらのウォーキングとなります。そしてしばらくすると右手に鎮座するのが吉原神社。元々遊郭の守護として周辺にあった五つの神社を合祀し、明治５（１８７２）年に創建されました。御祭神は、倉稲魂命（うかのみたまのみこと）、市杵嶋姫命（いちきしまひめのみこと）。こちらの道を挟んだ飛地に、境外摂社として吉原弁財天があり、商売繁盛や開運のご利益があるとされます。また、場所柄か、芸事上達祈願に多くの方が訪れます。

吉原神社を辞して少し進み、一つ目の信号を右折、さらにその次の信号のある国際通りを右折し２００メートルほど進むと、右側に掲げられた大きな熊手に気付くはずです。浅草酉の市御本社の鷲（おおとり）神社です。明治の神仏分離までは隣接する長國寺は別当寺で、同寺が１６３０年開山であることから、起源はその頃まで遡ると考えられます。御祭神は、天日鷲命（あめのひわしのみこと）、日本武尊。

矢先稲荷神社

📍東京都台東区松が谷2-14-1

かっぱ橋の「かっぱ河太郎」像。特に飲食業の商売繁盛を祈願して訪れる人が多い。
📍東京都台東区松が谷2-25-9

かっぱ橋道具街
ニイミ食器店のコックさんは道具街のシンボル。📍東京都台東区松が谷1-1-1

酉の市で売られる熊手は、〝財や運をかきこむ〟とされ、また一緒に売られている八頭は、子宝に恵まれるといわれています。七福神では健康長寿の寿老人（石浜神社では寿老神）が祀られています。

　鷲神社を辞し、国際通りを左手に進み、千束交差点を右折、約150メートル先の入谷二丁目交差点を左折。10分ほど道なりに進むと、食器や調理器具の街・かっぱ橋道具街へと至ります。金竜小学校前交差点、合羽橋交差点を通過し、約100メートル先を右折。さらに100メートル進むと最後の七福神、福禄寿の矢先稲荷神社が鎮座しています。かっぱ橋は、ついついいろいろ買ってしまいたくなる、魔力のある商店街です。この間の寄り道も楽しいでしょう。

　さて、矢先稲荷神社ですが、寛永19（1642）年に3代将軍徳川家光がこの地に建立した浅草三十三間堂の鎮守として創建されました。御祭神は、倉稲魂命（うかのみたまのみこと）、福禄寿です。五穀豊穣、健康長寿、商売繁盛などのご利益があります。

　道具街に戻り、右手に5分ほど進むと道具街の入口、菊屋橋交差点です。左折するとゴールの東京メトロ銀座線の田原町駅は約100メートル。歩行距離約7キロ、参拝と休憩を入れて3～4時間の歩程ですが、楽しく街歩きができ、しかもご利益たっぷりの超オススメコースです。

アニメからアートまで！寄り道前提の谷中七福神巡り

谷中霊園は、明治初期に整備された公共霊園で、多くの文化人や著名人の墓があることでも知られています。今回は、谷中周辺を歩きながら文化芸術にも触れます。

東京下町エリアの七福神巡りは、浅草、隅田川、下谷、深川などが有名ですが、コースから少し外れて訪れたいスポットが多いのが特徴です。谷中七福神巡りもそんなコースですが、特に日本が誇る文化芸術を併せて堪能することのできるコースでもあります。今回は、七福神に加え著者のオススメスポットもご紹介します。

📍東京都荒川区西日暮里3-6-4

📍東京都荒川区西日暮里3-7-12

かつて修性院や青雲寺周辺は桜の名所で、花見寺とも呼ばれた。

隙間なく貼られた赤紙で体が覆われている赤紙仁王尊。
📍東京都北区田端2-7-3

夕やけだんだんを下り、谷中銀座商店街を散策するのも楽しい。
📍東京都荒川区西日暮里3-13付近

スタートはJR田端駅。北口を出て目の前の通りを左手に400メートルほど進み、右手に鎮座するのが1491年創建の真言宗東覚寺。七福神では福禄寿が祀られています。このお寺は、自分の体の悪いところと同じ場所に赤紙を貼ることで病気身代わりとする、赤紙仁王尊で知られています。

もと来た道に戻り右手に5分ほど進むと、動坂下交差点に達し、ここを左折。さらに5分進むと道灌山下交差点。ここを左折しさらに進んで、西日暮里四丁目交差点を右に入ります。50メートルほど進んだ左手奥にあるのが、恵比寿様を祀る青雲寺、臨済宗の寺院です。もと来た道に戻り、さらに100メートル進んだ左手には、1573年開山の日蓮宗修性院(しゅしょういん)があります。こちらには布袋尊が祀られています。

もと来た道を道なりに進むと500メートルほどで谷中銀座商店街と交差します。ここを左折。まもなく階段となりますが、映画やアニメでも知られる「夕やけだんだん」です。観光名所としても人気の商店街なので、併せて周辺を散策してもよいでしょう。

階段を上り交差点に出たところで右折します。すると100メートル程左側に瀟洒な館があります。近代日本を代表する彫刻家・朝倉文夫のアトリエ兼自宅を改装した美術館、朝倉彫塑館です。朝倉の作品に加え、国の名勝にも指定されている庭園や建物自体も必見です。

長安寺

東京都台東区谷中5-2-22

長安寺に隣接する観音寺の見事な築地塀。

朝倉彫塑館
東京都台東区谷中7-18-10

旧吉田屋酒店
東京都台東区上野桜木2-10-6

天王寺

天王寺境内に鎮座する銅造釈迦如来坐像は、高さ約3メートル、1690年の作。
東京都台東区谷中7-14-8

護国院

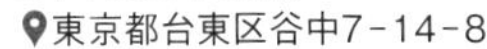

東京都台東区上野公園10-18

彫塑館前の通りをそのまま2分ほど進むと、右手に寿老人が安置される長安寺があります。1669年開山の臨済宗のお寺です。

参拝を済ませたら、前の通りを少し進んで左折、そのまま進むと多くの文人武人等の墓も多い谷中霊園に至ります。都心ながら緑豊かな広大な墓苑で、15代将軍慶喜や牧野富太郎博士のお墓もこちらにあります。交番のある交差点を左折しさくら通りに入り5分ほど、正面に毘沙門天をお祀りする天王寺が鎮座しています。1274年開山の天台宗の寺院で、かつて境内に谷中五重塔があったことでも知られています。幸田露伴『五重塔』のモデルです。現在は寺院建築と近代建築の融合した落ち着いた佇まいが見事です。

さくら通りに戻り、もと来た方向へ直進すること7～8分で上野桜木交差点に達します。角には旧吉田屋酒店の展示施設（無料）。ここを右折し次の

寛永寺開山堂は東京国立博物館の隣に鎮座。
東京都台東区上野公園14-14

東叡山寛永寺 根本中堂

東京都台東区上野桜木1-14-11

東京国立博物館

東京都台東区上野公園13-9

谷中六丁目交差点を左折、直進した突き当たりにあるのが1625年創建の護国院です。こちらは寛永寺の子院で、大黒天が祀られています。

護国院を辞して右手に約300メートル進みます。すると正面に鎮座しているのが天台宗別格大本山の東叡山寛永寺です。1625年開山、開基は慈眼大師天海。かつて将軍家の菩提寺であったことから、我が国屈指の大寺院でした。根本中堂がある場所以外にも、上野東照宮、清水観音堂が残る上野公園全域が同寺の境内だったのです。ところで、慈眼大師はなんと108歳で天寿を全うするのですが、その直前まで意識がはっきりしていたそうです。それにあやかって大師を祀る寛永寺開山堂は、健康長寿のご利益が信じられています。

寛永寺を辞して目の前の通りを左手に進むと右手に東京藝術大学、左手に東京国立博物館（東博）のある交差点に達します。東博は、国宝も含め数多の芸術作品や古美術品を収蔵する、日本を代表する博物館です。特別展の開催時は大変混雑しますが、通常展示でも多くの有名作品に出合えますから、まだ足を踏み入れていなければ是非観覧をオススメします。

東博の先は上野恩賜公園。世界遺産にも登録された本館をもつ国立西洋美術館や東京都美術館、上野の森美術館

不忍池辯天堂

辯才天では、毎年9月の巳成金大祭で秘仏が開帳され、限定のお守りが授与される。
📍東京都台東区上野公園2-1

上野恩賜公園
ランチは、洋食の「精養軒」か、鰻の「伊豆榮」か。
上野精養軒（上）📍東京都台東区上野公園4-58
伊豆榮 梅川亭（下）📍東京都台東区上野公園4-34

上野東照宮

1627年造営の上野東照宮は国の重要文化財。左甚五郎作の精緻な透かし彫りは見事。
📍東京都台東区上野公園9-88

五條天神社
📍東京都台東区上野公園4-17

等々、そしてまた上野動物園、国立科学博物館と、アートから科学までの施設が点在していますから、ウォーキングついでに一つ一つ攻略してもいいかもしれません。そんな上野公園内を進み動物園の先に見えるのが、旧寛永寺五重塔、そして上野東照宮。上野精養軒横の小高い場所には顔だけ残る上野大仏。少し下って右手に医薬の神様を祀る五條天神社や花園稲荷神社など4社を巡拝します。

さらに進み、動物園通りを渡ると不忍池辯天堂が見えてきます。この辯天堂は寛永寺の建立と同時期に創建され、8本の腕を持つ八臂（はっぴ）辯才財天が秘仏として安置されています。金運アップに加え、芸事上達の祈願でも知られています。また、大黒天堂に祀られる大黒天は、豊臣秀吉が崇拝したとの伝説が伝わっています。

ゴールを上野駅にするのであれば、もと来た道を戻り、上野公園を抜けて駅までは7分ほど。また、辯天堂の裏手から不忍池の遊歩道を経由して池之端に向かえば、やはり7〜8分で東京メトロ湯島駅に達します。

このコースは、寄り道をしないで回れば5・5キロ、約2時間の歩程ですが、寄り道をしないのがもったいないコースですから、是非時間をたっぷりとって、寄り道前提でお出かけください。

ご利益は2通り〜元祖山手七福神巡り

七福神は、いろいろな宗教の神々の組み合わせ。神仏習合の名残から、仏教の神様が神社に安置されていることもあり、多くの七福神巡りで、神社と寺院の組み合わせになっています。そんな中、今回ご紹介する七福神巡りは、寺院のみのコースです。

START 東急目黒線 不動前駅
↓ 徒歩10分
瀧泉寺
↓ 徒歩5分
蟠龍寺
↓ 徒歩10分
大円寺
↓ 徒歩20分
妙円寺
↓ 徒歩7分
瑞聖寺
↓ 徒歩5分
覚林寺
↓ 徒歩8分
GOAL 地下鉄 白金高輪駅

元祖や本家、開祖や初代を謳うお店や会社は多々あれど、七福神で元祖を謳うのは、「元祖山手七福神」だけかも。この元祖では、巡拝コースによりご利益が変わるとのことです。今回は、恵比寿から毘沙門天までの商売繁盛コース。ちなみに逆に辿れば無病息災と長寿祈願のコースだとか。

スタートは東急目黒線不動前駅。改札を抜け左手の商店街を進みます。信号のある交差点を左折し、次に信号のある、かむろ坂上交差点を右折。その道をまっすぐ進めば、突き当たりが日本三大不動に列せられ、目黒不動尊と

瀧泉寺には、日本にサツマイモを広めた蘭学者・青木昆陽の墓がある。 東京都目黒区下目黒3-20-26

蟠龍寺の境内には、美人祈願で知られる「おしろい地蔵」も鎮座。
東京都目黒区下目黒3-4-4

して知られる瀧泉寺(りゅうせんじ)。大同3(808)年創建の天台宗の寺院で、こちらには恵比寿様がいらっしゃいます。正面の仁王門から入り石段を上ると大本堂、厄除開運の仏様、不動明王が鎮座しています。石段手前には1000年以上枯れずに湧き出る霊水・龍御神水。恵比寿様は仁王門を背にして右手に少し行った、左手の弁天堂に祀られています。

参拝が済みましたら、仁王門からもと来た道を戻り、鰻で有名な「八ッ目や にしむら 目黒店」のある角を左折、山手通りまで出てまた左折。そのまま5分程歩き歩道橋の少し先に、次の蟠龍寺(ばんりゅうじ)の参道が左手に見えてきます。370年ほど前の慶安年間創建という浄土宗のお寺です。弁財天は本堂右奥の岩窟の中に安置されています。「岩屋弁天」と呼ばれる所以です。岩屋の中に入ってお参りをします。

再び山手通りに戻り、先程の歩道橋で山手通りを渡り、すぐの路地を右手に入り直進します。3分程歩いて橋を渡れば、右手にホテル雅叙園東京。かつて絢爛豪華な内装で「昭和の竜宮城」と呼ばれ、多くの文人らに愛された料亭。現在も百段階段や館内の螺鈿装飾に往時の雰囲気をとどめています。カフェやレストランもあるので館内見学を兼ねて小休止にいかがでしょうか。

妙円寺のご本尊・妙見大菩薩は、厄除招福で知られる。
東京都港区白金台3-17-5

五百羅漢でも知られる大円寺。
東京都目黒区下目黒1-8-5

雅叙園前の行人坂を目黒駅方面に少し上った右手に、寛永元（１６２４）年開山、天台宗の大円寺。こちらには五穀豊穣の神・大黒天が本堂に鎮座しています。釈迦堂の本尊釈迦如来立像は鎌倉初期の作とされ、国の重要文化財。また、「とろけ地蔵」には、悩み事が解消するというご利益があるそう。

行人坂を上り切り、目黒通りに出たら、ＪＲ目黒駅を左手に見ながらそのまま直進。上大崎交差点を越えると港区となり、左手には東京都庭園美術館、その隣に白金台どんぐり児童遊園。この公園の向かい側の坂を少し下ったところに、福禄寿と寿老人が揃って鎮座する妙円寺があります。１６２０年創建と伝わる日蓮宗の寺院です。本堂横の妙見堂に2神が祀られています。

目黒通りに戻り右手に進みます。左側から、おしゃれなカフェやレストランがあるプラチナ通りが延びています。そのまま直進し、地下鉄白金台駅の入口を越えてすぐ右手から参道が延びています。その先が、布袋尊がいらっしゃる瑞聖寺。１６７０年創建の黄檗宗のお寺です。二重屋根の本殿、大雄宝殿は国の重要文化財。また、隈研吾氏設計の現代的な庫裏と水盤の融合が見事な景観をつくり出す境内は必見で、特に素晴らしいのが、桜の時季。

再び目黒通りに戻り、右手に進むと八芳園のサインが目に入ります。一息つくなら、こちらのカフェで庭園を眺めながらがオススメです。もとは江戸

開基・日延は、加藤清正が朝鮮出兵の際に当時の李氏朝鮮から連れ帰り育てた人物。
東京都港区白金台1-1-47

瑞聖寺は、かつては黄檗宗の江戸の中心的寺院。
東京都港区白金台3-2-19

豆知識

加藤清正
初代の肥後熊本藩主で、戦国武将として名高い加藤清正（1562-1611）は、日蓮宗（法華宗）を庇護し、覚林寺以外にも池上本門寺などいくつかの寺院で祀られている。また、明治4年には熊本城内に加藤神社が創建されている。

幕府の旗本・大久保彦左衛門の屋敷。その後、日立製作所や日産自動車の礎を築いた明治の実業家・久原房之助の邸宅となりました。今では、結婚式場としても有名です。特に日本庭園は素晴らしく、ドラマのロケ地としても多く登場しています。

一息ついたら目黒通りに戻り、5分程進むと清正公前交差点に達します。その右手角に鎮座しているのが、毘沙門天が安置される覚林寺です。1631年創建の日蓮宗の寺院ですが、加藤清正が祀られていることから、「清正公さま」と呼ばれています。清正にちなみ必勝祈願のお寺として信仰されています。また、毎年5月の大祭では菖蒲入りの勝守が授与されます。

覚林寺を辞し、目の前の交差点を左に約300メートル進めばゴールの白金高輪駅です。概ね3・5キロのコースですが、ご利益の異なる逆コースも是非お試しください。

六本木・麻布十番をぐるっと一周～港七福神巡り

都心にありながら、電車の便が悪かったことからかつては、“陸の孤島”とも揶揄された麻布十番。現在では、地下鉄２線が交差し、とても便利な人気スポットです。

七福神巡りのだいご味は、歩きながらその街々の雰囲気に触れることにもあると思いますが、六本木と麻布十番というおしゃれなエリアを巡ると、一瞬ここは本当に日本？　という感覚に陥るから不思議です。ある意味で異国情緒を感じる巡拝コースが港七福神巡りなのです。

スタートは、大江戸線赤羽橋駅。芝公園側の出口から地上に出ると、赤羽橋の五差路。目の前には東京タワーがそびえています。１９５８年の完成ですが、いまだに東京のランドマークとはすごい！　東京タワーに向かって芝

飯倉熊野神社は、創建から約1300年と伝わる古社。
東京都港区麻布台2-2-14

宝珠院の開運出世大辨才天は、平安時代の高僧・円珍作と伝わる。
東京都港区芝公園4-8-55

久国神社正面拝殿の扁額は、近くに居住していた勝海舟の筆と伝わる。
東京都港区六本木2-1-16

公園側を進み5分ほど、かつて芝弁天池と呼ばれた池のほとりに、モダンな浄土宗の寺院・宝珠院があり、開運出世大辨才天が祀られています。この寺院の目玉は、なんと言っても高さ2メートルの木彫りの閻魔大王像。1685年の作と伝わります。子どもが泣き出しそうなくらいの迫力です。また、境内には蛙・蛇・蛞蝓の「三竦み」があるので探してみましょう。この三つを見つけることで平和な気持ちになれるそうです。

宝珠院から東京タワーに立ち寄るのもよいでしょう。展望台はもちろん、お土産店やフードコートに行くと、もはやそこは修学旅行気分。それにしても驚くのは、外国人観光客の多さです。来場者の半数は外国の方ではないかと感じます。東京タワーを後にして、六本木方面に5分、飯倉交差点を左折、100メートル右側に、恵比寿様が安置される飯倉熊野神社があります。

熊野神社を辞し、飯倉交差点に戻り左折。そのまま進むと左手にロシア大使館、右手は麻布台の再開発エリア。高層ビルがニョキニョキ屹立しています。その先、飯倉片町交差点を右折し、直進約10分。六本木二丁目交差点で六本木通りを渡り、すぐの路地を左に入ると、古びた鳥居が目に入ります。奥に布袋尊の久国神社が鎮座しています。太田道灌が鎌倉時代の名工・久国作の名刀を寄進したことから久国稲荷大明神として崇敬されてきました。

参拝を済ませ、六本木通りに戻り、そのまま六本木方面へ緩やかな上り坂を進みます。相変わらず外国人も多い六本木交差点を右折し、六本木ミッド

麻布氷川神社は、麻布、六本木、広尾など外国大使館も多く集まる地域の総鎮守。東京都港区元麻布1-4-23

満腹稲荷神社は、六本木周辺の飲食店関係者からの信仰が篤いという。
東京都港区六本木7-7-7

タウンの付近から左方向、龍土町美術館通りに入り100メートル右手奥に、1384年創建の龍土神明宮天祖神社があり、末社の満福稲荷神社に福禄寿が祀られています。天祖神社の前道をそのまま進むと国立新美術館に至りますので、興味のある企画展が開催されていれば立ち寄ってもいいでしょう。

再び六本木交差点に戻り右折、今度は六本木ヒルズ方面に向かいます。小休止は六本木ヒルズ内に多数あるカフェがよいでしょう。テレビ朝日通りを左折、ホテル・グランドハイアット東京付近、六本木けやき坂通り上の交差点に鳥居が見えます。1180年創建と伝わる櫻田神社です。こちらの境内社・福寿稲荷社に寿老神が鎮座しています。

櫻田神社は、新選組・沖田総司ゆかりの神社。
東京都港区西麻布3-2-17

櫻田神社を辞して、テレビ朝日通りを広尾方面に向かいます。およそ5分で左側に中国大使館、さらに進んで愛育病院前交差点を左折。そのまま直進して仙台坂上交差点を左折し約100メートル右手にあるのが、毘沙門天を祀る麻布氷川神社です。御祭神は、素盞嗚尊、日本武尊。麻布総鎮守です。実は、この神社は、今も人気のアニメ「美少女戦士セーラームーン」の登場人物・火野レイが巫女をしている神社「火川神社」のモデル。最近は、アニメ好きの外国人の方も多く参拝します。

氷川神社の前道をそのまま麻布十番方面に向かいます。5分ほど進むと一

豆知識

麻布台ヒルズ

本コースの飯倉熊野神社から久国神社までの道程に、2023年11月24日に開業の麻布台ヒルズを組み込んでみたい。日本一高いビル・森JPタワーの足元には、150店舗が入る商業施設が。都心とは思えないほど豊かな緑に包まれ、ウィンドウショッピングも楽しそう。

十番稲荷神社は、もともとこの周辺にあった二つの神社が昭和になって合併して生まれた。
📍東京都港区麻布十番1-4-6

一本松の大国さんと親しまれる大法寺の創建は慶長2(1597)年。
📍東京都港区元麻布1-1-10

善福寺のシンボル、樹齢750年以上といわれる国の天然記念物・逆さ銀杏も必見。
📍東京都港区元麻布1-6-21

本松坂、暗闇坂、大黒坂の3坂が交わる交差点に出ます。ここから大黒坂を50メートルほど下ると、左手に大法寺が鎮座。坂の由来となった大黒天を祀る日蓮宗のお寺です。

参拝を済ませ、大黒坂をそのまま進むと中の島がある交差点に達します。この交差点を左折した突き当たりが十番稲荷神社、七福神が相乗りした宝船です。付近で起こった火事を大蛙が突如現れて消火した故事にちなみ、防火や火傷快癒の祈願でも知られています。

ゴールは十番稲荷神社すぐ近くの地下鉄麻布十番駅。ただ、もしもう少し体力と時間があれば、さらに1ヶ所オススメがあります。十番稲荷神社からもと来た道を戻り、パティオ十番も通り過ぎそのまま200メートルほど進んだ右手、いくつかのお寺があるエリアの一番奥にある麻布山善福寺です。824年に開山と伝わる関東屈指の古刹で、鎌倉時代には親鸞も滞在しました。参道には、開基の弘法大師空海が錫杖を突いたところ、たちどころに水が湧いて出たと伝わる「柳の井戸」があります。墓地には、福沢諭吉など、多くの著名人が眠っています。また、1859年に初代アメリカ公使館が置かれ、本格的な日米関係がスタートした地でもあります。この界隈に今も多くの大使館があり、また多くの外国人を居住者として受け入れるエリアになっていますが、そのきっかけがこのお寺だったかもしれないと感じました。

首都圏日帰り
開運ウォーキング

オススメ11コース

息栖神社（茨城県神栖市）

天下の街道～世界遺産日光散歩

日光街道は、日本橋から出て日光東照宮に至る五街道のひとつ。家康の廟所に歴代の将軍が詣でる目的で整備され、約140キロメートルの街道に21の宿場が置かれました。今回は日光駅付近、21番目の鉢石宿から東照宮に向かいます。

世界遺産に指定される寺社群に加え、華厳の滝、中禅寺湖といった風光明媚な自然、温泉、グルメと日本を代表する観光地・日光。電車を利用すれば日帰りでも十分に堪能できる手軽さも魅力です。今回は、都心から日帰りで日光のパワースポットを巡拝します。

スタートはJR線または東武線の日光駅。両線とも東京から最短2時間程度で結ばれています。駅を出てすぐの整備された幹線道路が日光街道（国道119号）です。駅を背に右方向に緩やかな坂道を進みます。その間、カフ

START 東武日光駅またはJR日光駅
↓ 徒歩30分
神橋
↓ 徒歩5分
本宮神社
↓ 徒歩10分
輪王寺三仏堂
↓ 徒歩10分
二荒山神社
↓ 徒歩25分
瀧尾神社
↓ 徒歩25分
日光東照宮
↓ 徒歩12分
神橋
↓ 徒歩25分
GOAL 東武日光駅またはJR日光駅

本宮神社の後ろ側に四本龍寺の三重塔。
両方とも国の重要文化財。
栃木県日光市山内2300

スタートの東武日光駅。周辺にはカフェやお土産物店も多い。

輪王寺は桜の季節に訪問したい。
栃木県日光市山内2300

神橋は二荒山神社の一部で、国の重要文化財。

ェや菓子店なども多く、巡拝に備え腹ごしらえもよいでしょう。道なりに約30分歩くと突き当たりが神橋（しんきょう）、その先が日光世界遺産の寺社群です。この神橋は「御橋」とも呼ばれ聖地の玄関口ともいえます。ただし、渡橋は有料です。

なお、この付近までは日光駅からバスも多く出ていますので、体力を温存したい場合は利用するとよいでしょう。

神橋の先、右側に目を向けると鳥居と石階段が見えます。その奥には石鳥居。開運の石鳥居と呼ばれています。日光二荒山（ふたらさん）神社別宮の本宮神社にはこちらから参ります。創建は808年、新宮の二荒山神社と瀧尾神社とともに日光三社と呼ばれ、御祭神は味耜高彦根命（あじすきたかひこねのかみ）。農業をはじめ様々な商売繁盛のご高徳があります。社殿裏手に進むと766年創建と伝わる古刹、四本龍寺が鎮座。御本尊は千手観音菩薩です。

常行堂と大猷院。

大鳥居の奥が神門、さらに拝殿。上新道側の東鳥居は銅製で、国の重要文化財。
📍栃木県日光市山内2307

瀧尾神社へはこちらから。ヤマビルに注意とあります。

併せて参拝しましょう。

神橋付近に戻り、東照宮方面に向かうと間もなく左手に766年創建の天台宗・輪王寺の総本堂である三仏堂がその荘厳な姿を現わします。東日本で最も大きな木造建築物です。手前には樹齢500年、天然記念物の「金剛桜」があります。手前の宝物殿には国宝を含む数多くの文化財が収容されています。

裏手のご本尊・五大明王が安置される大護摩堂を経て参道を奥へと進むと左手に常行堂が、右手には二荒山神社の大鳥居、その奥が3代将軍・徳川家光の廟所「大猷院（だいゆういん）」です。

二荒山神社は、767年創建と伝わり男体山、女峰山、太郎山の日光三山をご神体・二荒山大神としています。こちらは本社で、奥宮は男体山山頂にあります。境内には「縁結びのご神木」「親子杉」などがあり、特に縁結び、家内安全のご利益が大きいと信仰されています。また、東鳥居を出て日光東照宮へと向かう上新道（かみしんみち）は「神さまの道」とも呼ばれ、パワースポットであると同時に人気の映えスポットです。

本社を参拝しましたら、左手の神苑入り、大黒殿の招き大黒様、学問の神様として信仰される末社の朋友神社などにも忘れずにご挨拶を。ただしこちらへの入場は有料。巡拝しましたら大猷院の入口付近に戻ります。大猷院と二荒山神社の間に山へと延びている道があります。ここを入って瀧尾神社を

開山堂と香車堂。妊婦が香車堂の駒を借りて神棚に祀ると無事出産できると伝わる。

瀧尾神社の社殿も国の重要文化財に指定されている。
栃木県日光市山内2310－1

地震で崩れた岩盤に祀られる石仏。

目指します。

山道ですがきちんと整備されており、迷うことはありません。美しい木々に心を癒やされながらのんびり登ること約25分、川のほとりに瀧尾神社の鳥居が姿を現します。この鳥居は「運試しの鳥居」と呼ばれ、上部に小さな穴が空いており、この穴に石を3回投げて一つでも通れば慶事が起きるとされています。

瀧尾神社は、弘法大師空海が820年に創建したと伝わり、女峰山の女神・田心姫命（たごりひめのみこと）をお祀りしています。東照宮付近のきらびやかな雰囲気と異なる、木々と水に囲まれた社殿付近は、日光でも最大級のパワースポットとされます。社殿裏にはご神木・三本杉が、その左手には安産のご利益があるとされる「子種石」、神水であり名水としても知られる「酒の泉」、「縁結びの笹」「無念橋」などは押さえたいスポット。

参拝が済ませ、もと来た参道を少し戻ると、道を隔てたところに瀧尾高徳水神社があります。奈良県吉野の丹生（にう）川上（かわかみ）神社から分霊した神社で治水のご利益があるそうです。さらに、道路沿いにある参道を下って行きます。この道が本来の瀧尾神社の表参道です。途中、日光開祖の勝道上人の座像が安置される開山堂、楊柳観音堂、別名・香車堂とその奥にある仏岩は押さえたい

きらびやかな陽明門や鐘楼、唐門は、やはり日光のシンボル。
栃木県日光市山内2301

眠り猫

三猿

五重塔

豆知識

空烟（くうえん）地蔵

日光を開いた勝道上人一行は、男体山に登る途中で道を見失った。するとそこに地蔵菩薩が現れ、導いたという。その言い伝えから祀られた。瀧尾神社への参道途中に鎮座する。

スポットです。

そのまま進むと日光東照宮美術館、その先に五重塔が見えてきます。券売所でチケットを購入し、日光東照宮へ入宮。豪華絢爛な伽藍を巡りながら「三猿」や「眠り猫」「鳴き龍」にはしっかりご挨拶いたしましょう。

拝観が済んだら、参道を経て神橋横を通過し、ゴールの日光駅を目指します。下り坂なので徒歩25分、バスだと10分弱です。一息つきたい場合は、明治6年創業の「日光金谷ホテル」が運営するベーカリーが神橋近くにありますから立ち寄ってもいいでしょう。

このコースは、東京を朝早くに出て、ゆっくりと時間をかけて巡りたいコースですが、バスやタクシーをうまく活用すれば、パワースポットとして名高い中禅寺湖や華厳の滝も日帰りコースの射程となりますから、事前に様々に検討して、ご自身のベストルートを作成のうえ、巡拝してください。

美味しいとこ取り！ 川越巡拝

城下町として古くから発展し、江戸時代には江戸を守る北の要衝として重視された川越。江戸時代の殖産政策と、新河岸川を利用した舟運により経済も繁栄し、『小江戸』と呼ばれるようにました。

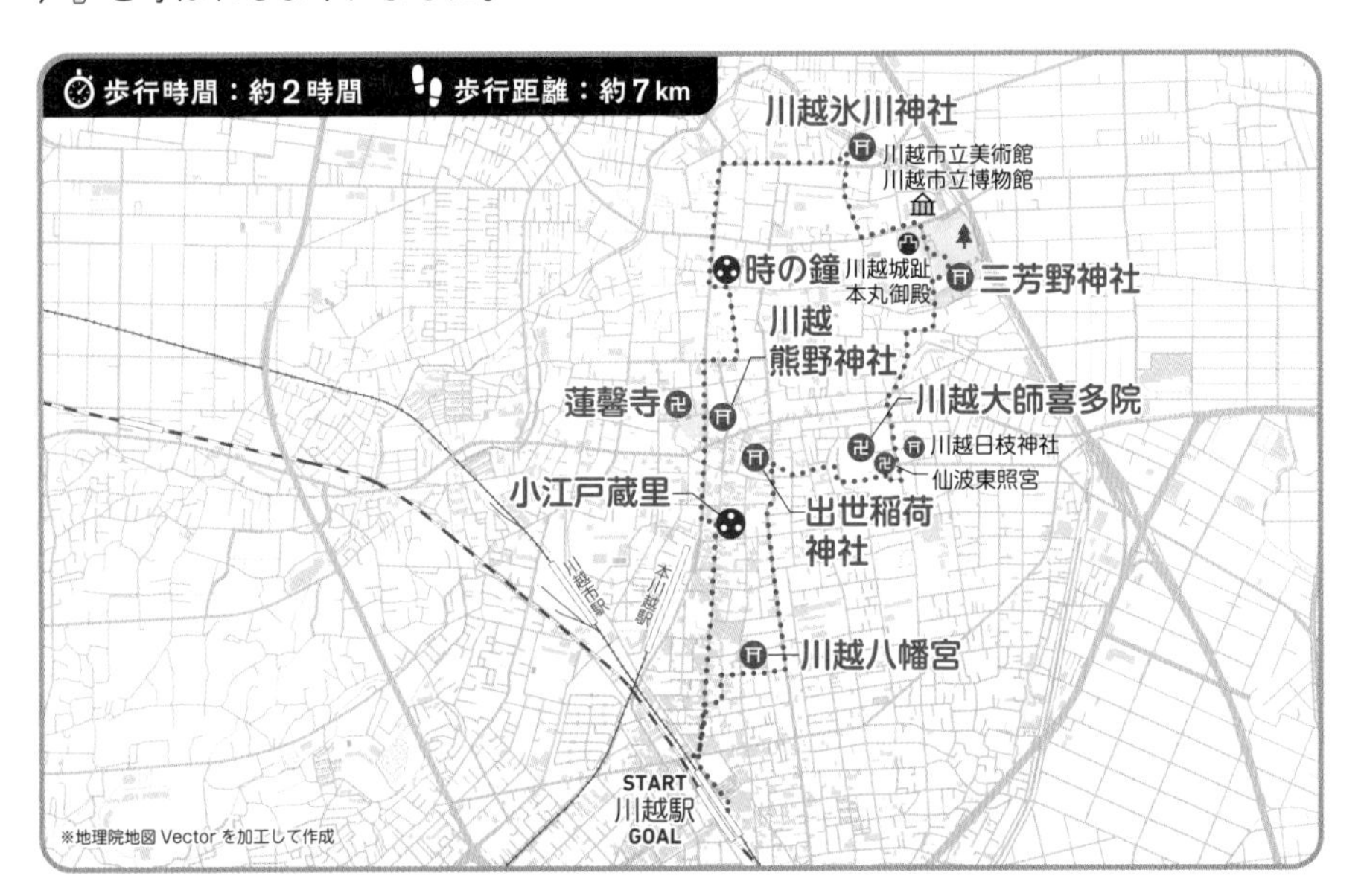

小江戸川越。かつて城下町として栄え、今もなお蔵造りの古い町並みが残る首都圏でも人気の観光スポットです。この川越にも多くの魅力的な寺社が点在しています。今回は、そんな川越のパワースポットと町並みをセットで堪能します。

スタートはJRや東武線が乗り入れる川越駅。東口から商店街に入りクレアパークを右折して100メートル、左手にこんもりとした木々が目に飛び込んできます。川越八幡宮です。約1000年の歴史を有する古宮。御祭神は誉田別尊（＝応神天皇）です。縁結び

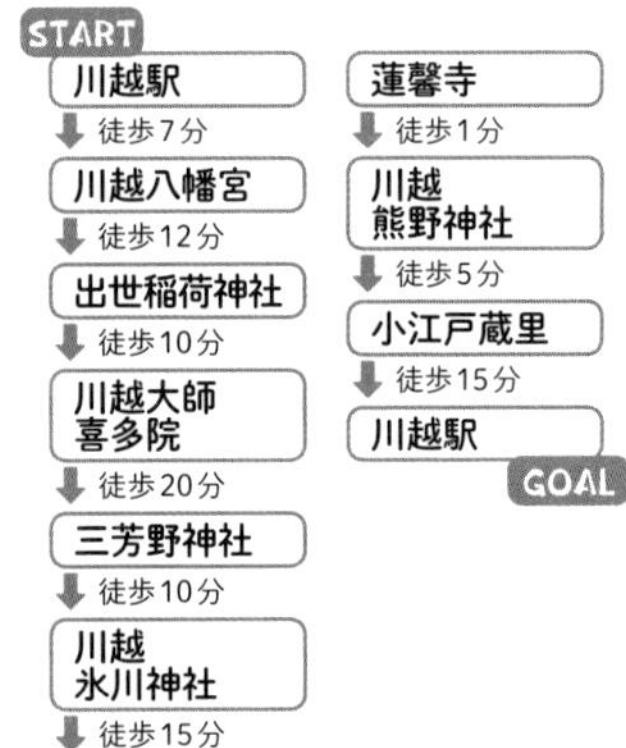

2本の大銀杏が出世稲荷のアイコン。
埼玉県川越市松江町1-512

埼玉県川越市南通町19-3

開運コラム

江戸時代、川越藩の領主・酒井勝重は、地元産業の確立を目指し様々な施策を行った。中でも知られるのが、狭山茶とサツマイモの栽培。特に良質なサツマイモは、江戸でも大評判となり、「川越＝サツマイモ」というイメージが定着したほど。現在も、市内ではサツマイモを使った様々なスイーツが楽しめる。また狭山茶とのコラボ商品もあるので、散策ついでに是非味わってみたい。

川越八幡宮の愚痴を聞いてくれる「ぐち聞きさま」。

や安産の神様として知られています。このほか境内には「目の神様」や足腰健康の神様とされる民部稲荷も祀られていますので併せてお参りします。

参拝を終え、川越街道に出たら左方向に10分ほど進みます。三つ目の信号を左折すると、ほどなく大きな銀杏が目に入ります。出世稲荷神社です。１８３２年に五穀豊穣を願い建立され、現在では開運出世、進学・就職などの願いが叶う神様として知られています。

もと来た道を戻り、川越街道を左折、すぐに右折、突き当たりにある埼玉病院の裏手、木々に囲まれたエリアが川越大師喜多院。創建は平安時代と伝わる天台宗のお寺です。鐘楼門や慈眼堂など多くの国や県指定の文化財があります。徳川将軍家と深いつながりがあったことから、旧江戸城から移築した客殿や書院、徳川家にまつわる展示物も多く収められ、隣地には仙波東照宮

川越大師喜多院

川越大師喜多院の本堂・慈恵堂は、寛永16(1639)年に再建された当時の姿をとどめる。
埼玉県川越市小仙波町1-20-1

川越大師喜多院の五百羅漢は、日本三大羅漢の一つ。

三芳野神社

寛永元(1624)年に再建された三芳野神社の社殿。
埼玉県川越市郭町2-25-11

豆知識

日本三大五百羅漢
羅漢とは悟りを得た僧侶のこと。三大五百羅漢は諸説あるが、喜多院以外に、徳蔵寺（栃木県足利市)、建長寺（神奈川県鎌倉市)、羅漢寺（大分県中津市）を指す場合が多い。ちなみに羅漢寺には3700を超える石仏が安置されている。

も建立されています。こちらの本殿も国の重要文化財。

また、特にオススメしたいのが日本三大羅漢の一つ「五百羅漢」（有料）です。泣きあり、笑いあり、悩みあり、怒りありの全部で538体が鎮座。中には動物を従えている像があり、自分の干支と同じ動物を従えた羅漢にお祈りすると、様々な願いが叶うといわれています。

喜多院の山門を出ると近江の日吉大社（日枝神社）を勧請して創建された日枝神社があります。こちらの社殿も国指定重要文化財です。東京・赤坂の日枝神社は、こちらから分祀したことに始まるので、日吉大社の孫神社ということになります。

日枝神社を出て北に向かって歩を進め、いくつかのクランクを経て15分程で辿り着くのが川越城址です。少しわかりづらいのですが、案内板を辿ってゆけば迷うことはないでしょう。城址

時の鐘は、高さ16メートル。川越大火で焼失後、明治27年に再建。
埼玉県川越市幸町15-7

埼玉県川越市宮下町2-11-3

釣り竿で釣り上げる氷川神社で人気の「鯛みくじ」。尾におみくじが入っている。

は公園になっており本丸御殿が復元され内部を観覧することができます。本丸御殿の手前右側には、かつて徳川将軍家の直営社で川越城鎮守でもあった三芳野神社が鎮座。807年の創建。この神社の参道が童謡「通りゃんせ」の舞台で、関連する石碑が立っています。

川越城址の向かい側には川越市立美術館。その前の道を左手に進み、郭町交差点を右折し直進し約5分、川越氷川祭で知られる川越氷川神社に達します。541年創建の古社です。御祭神は五柱の神様。素戔嗚尊（すさのおのみこと）と奇稲田姫命（くしいなだひめのみこと）ご夫婦。そして奇稲田姫命のご両親、脚摩乳命（あしなづちのみこと）と手摩乳命（てなづちのみこと）のご夫婦。さらに、素戔嗚尊と奇稲田姫命のお子ともいわれる大己貴命（おおなむちのみこと）です。このことから家族円満、夫婦円満、縁結びにご利益ありと評判で、いつも多くの参拝者でにぎわっています。また、絵馬が奉納された参道がトンネルのようになっている「絵馬トンネル」は映えスポットとして人気です。

参拝を済ませたら、鳥居を背に目の前の幹線道路・川越上尾線を右方向に進み、突き当たりを左折しさらに進むと、いかにも小江戸らしい蔵造りの町並みになってきます。カフェや菓子屋、酒屋などが点在し、また路地裏にひっそりとおしゃれなお店が佇んでいたりと、お散歩には絶好のエリアです。特に川越が初めてでしたら、菓子屋横丁や大正浪漫夢通り、そして川越のシンボル「時の鐘」は押さえておきましょ

川越熊野神社

サッカーでおなじみ、八咫烏がお出迎えの熊野神社。
📍埼玉県川越市連雀町17-1

蓮馨寺

蓮馨寺の呑龍堂前には病快癒を願う「おびんずる様」が鎮座。
📍埼玉県川越市連雀町7-1

う。時の鐘は今でも毎日4回の鐘つきが行われます。

通りに戻り、川越駅方面に向かうと右手奥に蓮馨寺（れんけいじ）が見えてきます。室町時代に創建された浄土宗の古刹です。正面の呑龍堂（どんりゅうどう）にはかつて周辺が飢饉に見舞われた頃子どもを預かって養育したと伝わる呑龍上人が祀られていることから、特に安産、子育てのご利益が知られています。

中央通りに戻るとその反対側には、川越熊野神社が鎮座しています。1590年に蓮馨寺僧正が紀州熊野から勧請。主祭神は、伊弉諾尊（いざなぎのみこと）。熊野三社同様に社紋は八咫烏（やたがらす）。熊野で道に迷った神武天皇を八咫烏が大和の国まで案内したという故事から「導きの神」と信仰され、こちらの神社も開運・縁結びのご利益で知られています。

参拝を済ませたら中央通りをさらに川越駅方面に少し進むと左手にあるのが、川越市運営の観光施設「小江戸蔵里」。酒蔵を改装した施設では周辺エリアの様々な土産物が購入できるほか、県下の銘酒を味わえる「ききざけ処」も設けられ、ウォーキングの疲れを癒やしてくれます。

ここからスタート地点の川越駅まではおよそ15分。西武線本川越駅ならば3分。便利なほうをゴールにしましょう。小江戸のそぞろ歩きを十分に楽しむのなら、5時間程度時間を取っておくのがオススメです。

豆知識

小江戸蔵里
📍埼玉県川越市新富町1-10-1
酒蔵を改装した建物は、江戸風情を感じる。

東国三社① 息栖神社・鹿島神宮

4～5世紀、当時の大和朝廷は東国に進出、東北地方にも勢力を伸ばしていきます。その拠点となったのが、利根川下流域に鎮座する、鹿島神宮と香取神宮であり、これに息栖神社を加えた三社を東国三社と呼びます。

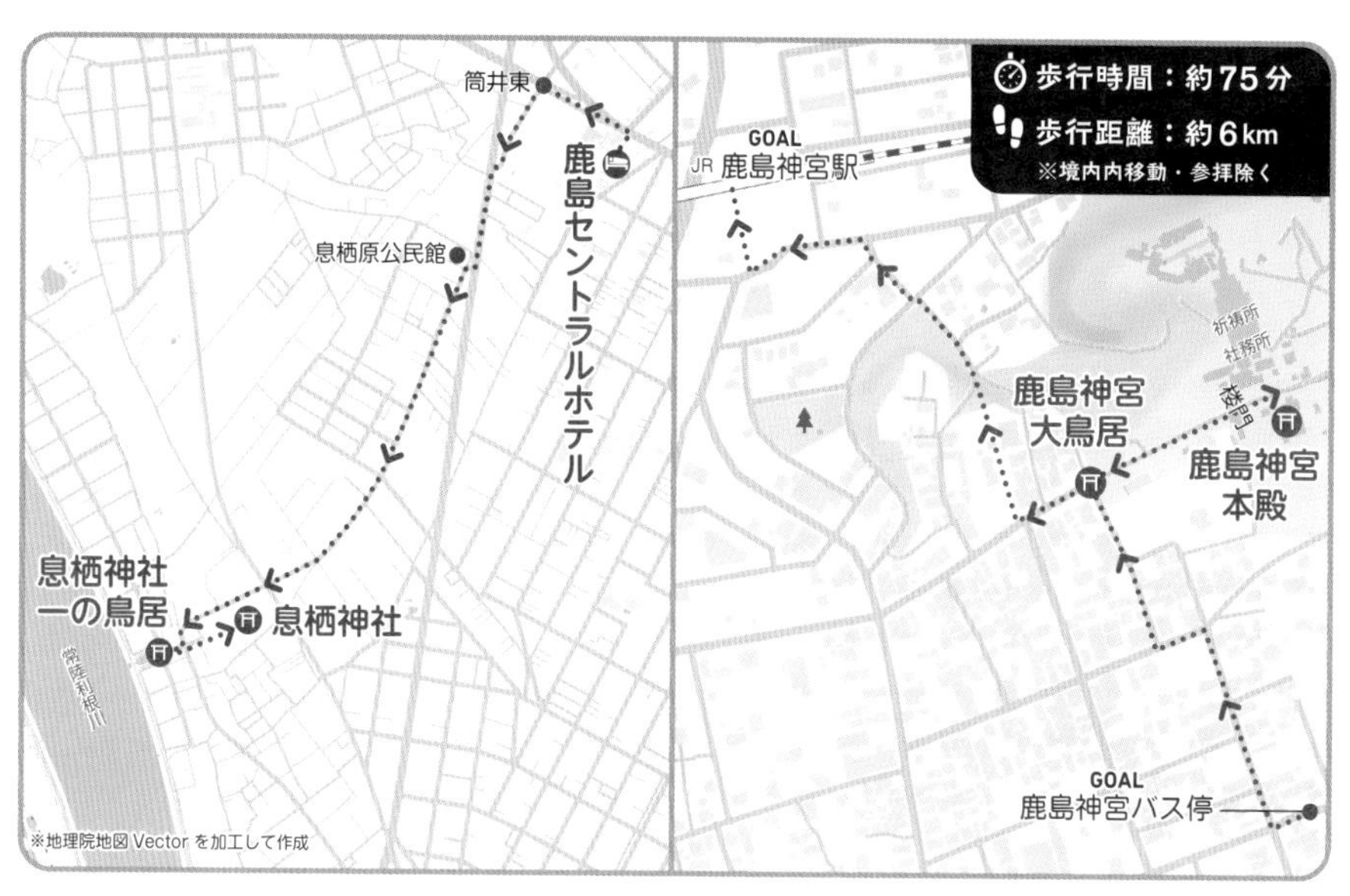

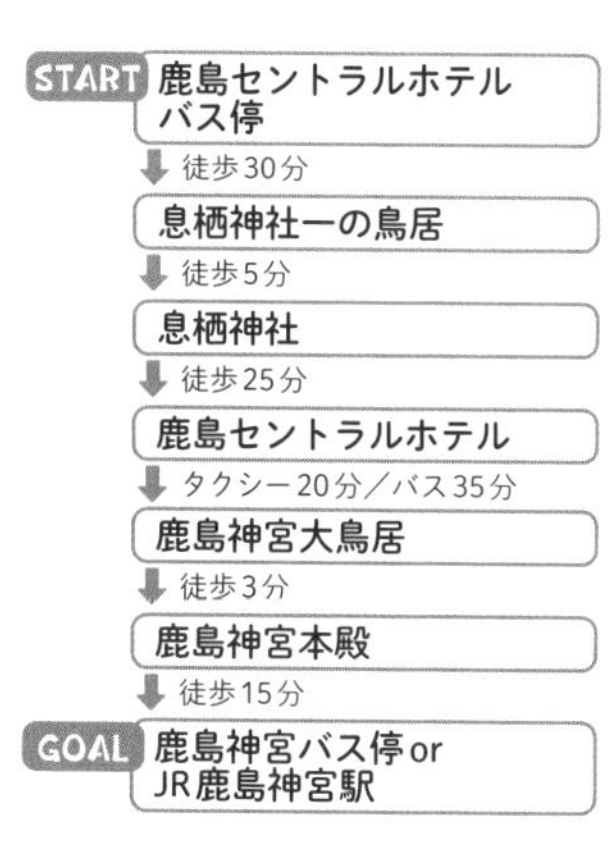

江戸時代、「伊勢参り」は誰もが一生に一度は成し遂げたいと願う憧れの旅。運良く伊勢に参拝できた関東以北の者は、お礼参りとして鹿島神宮、香取神宮、息栖神社の東国三社に参拝することで締めくくりとし、これを「みそぎの下三社巡り」と呼びました。今回は、伊勢参りにも匹敵するほど篤い信仰を集めた三社を、2回に分けて巡拝します。

東京駅から鹿島神宮行きの京成高速バスに乗って1時間30分、「鹿島セントラルホテル」で下車。このバス停がスタートです。この鹿島行きの高速バ

スタートは鹿島セントラルホテル。
すべてが揃う近代的ホテル。
茨城県神栖市大野原4-7-11

利根川河岸に立つ一の鳥居の両脇に男甕・女甕の忍潮井。
茨城県神栖市息栖2882

朱も鮮やかな神門。奥が本殿。

一円玉硬貨のモデル・招霊の木。

スは、本数も多く大変便利です。ホテルで一息入れて、巡拝開始。県道50号を左手に進み、筒井東交差点を左折して道なりに進み、息栖原公民館の交差点から左側の細い道に入り、しばらく進むと息栖神社の裏手に達します。概ね25分。そのまま道を進み、利根川の支流にぶつかったところに一の鳥居があり、そこから境内へと進みます。鳥居の両脇には、日本三霊泉の一つで、吃水からこんこんと湧き出す不思議な「忍潮井（おしおい）」の男甕、女甕。縁結びのご利益で知られています。

参道を進み二の鳥居、その先に朱が鮮やかな神門。神門をくぐるとすぐ左側に「御衣黄」という珍しい桜の木。その奥に力石、松尾芭蕉の句碑。その反対側には境内社があり、その隣に現行一円玉の裏側意匠のモデルとなった、精霊の宿るといわれる「招霊の木（おがたま）」。毎年5月頃に芳香の強い赤紫色の花をつけます。社殿は奥に鎮座。

参道
広大な鹿島神宮の中を歩くと心身ともに癒やされる気分。

東日本大震災で倒壊した御影石製に代わり建立された現在の木製大鳥居。
📍茨城県鹿嶋市宮中2306-1

楼門
徳川頼房（初代水戸藩主）により造られた美しい楼門は、日本三大楼門の一つに数えられる。

どこまでも透き通った御手洗池。奥では御神水をいただける。

息栖神社の創祀は応神天皇の時代に遡るとされますから1500年以上の歴史を有します。主祭神は、牛馬守護、豊穣の神・久那斗神（くなどのかみ）。相殿神として天乃鳥船命（あめのとりふねのみこと）、住吉三神をお祀りしています。天乃鳥船命は、神様が乗る船を神格化した神であることから、水上交通の守護として知られています。

本殿で参拝を済ませたら、次の目的地・鹿島神宮に向かいます。鹿島セントラルホテルまで来た道を戻ります。ホテルからは鹿島神宮までの路線バスもありますが、本数がかなり少ないので息栖神社への往復は逆算して計画的に行動する必要があります。著者は、路線バスに乗り遅れ、この日はホテルから鹿島神宮までタクシーで移動、約20分で大鳥居前に到着。

鹿島神宮の創建は、初代神武天皇の時代に遡るとされます。御祭神は、武甕槌大神（たけみかづちのおおかみ）。天照大御神の命を受け経津主大神（ふつぬしのおおかみ）（＝香取神宮の御祭神）とともに地に降りて大国主神と交渉し、日本を建国に導いた武神です。

大鳥居をくぐり参道を進むと左側に手水舎、正面に重要文化財の楼門。楼門を入ってすぐ右側に拝殿、その奥に本殿とご神木。拝殿の真向かいに重要文化財で徳川2代将軍秀忠が奉納した仮殿。緑深く気持ち良い奥参道をまっすぐに進み2〜3分で鹿園。この神社では鹿が神様のお遣いなのです。さらに奥に進むこと約5分で奥宮。奥宮の裏手方向に5〜6分歩くと、地震を起こす大鯰の頭を押さえ込んでいると伝わる「要石」。

奥宮に戻り、右手に5〜6分舗装道を歩き、緩い階段を下りていくと深く澄んだ水が美しい御手洗池。

1日に40万リットル以上の水が湧いているそうです。その横には売店があり、池の水を使ったお蕎麦や食パンが人気。さらに先には、御手洗池口鳥居。

鹿島神宮の敷地は東京ドーム15個分相当。著者は主要なところを訪ね、1時間半の滞在でした。広大な樹叢（じゅそう）を、森林浴を兼ねてゆっくり散策してみたい境内です。

帰路は鹿島神宮の大鳥居を出て左に曲がり、6〜7分ほど歩き鹿島神宮高速バスのりばから。約20分間隔で東京駅行きのバスが出るので便利です。また、食事や買い物をしたい場合は、お店も多いJR鹿島神宮駅へ散策しながら行ってもよいでしょう。大鳥居から10分ほどで駅に達します。

ところで、鹿島神宮には四つの一の鳥居があります。前掲の大鳥居は、実は二の鳥居なのです。四つのうち最も有名なのが鹿島神宮の西側、鰐川の水上に屹立する「西の一之鳥居」。日本最大級の水上鳥居で、神宮から約2キロメートルの距離。余裕があれば是非訪ねてください。その神々しさに圧倒されるはずです。

要石

高速バスで、東京駅のほか羽田空港などにも行ける。

豆知識

茨城県は生産量日本一を誇るメロンの大国。そんな茨城ならではのスイーツとしておススメしたいのが、季節限定商品の「メロどら」。とにかく、メロンクリームが絶品！

東国三社② 香取神宮・観福寺

かつて利根川水運の一大拠点として栄え「北総の小江戸」と呼ばれた佐原。市内を流れる小野川沿いには、往時をしのばせる商家などの建物がきれいに保存され、人気の観光スポットとなっています。

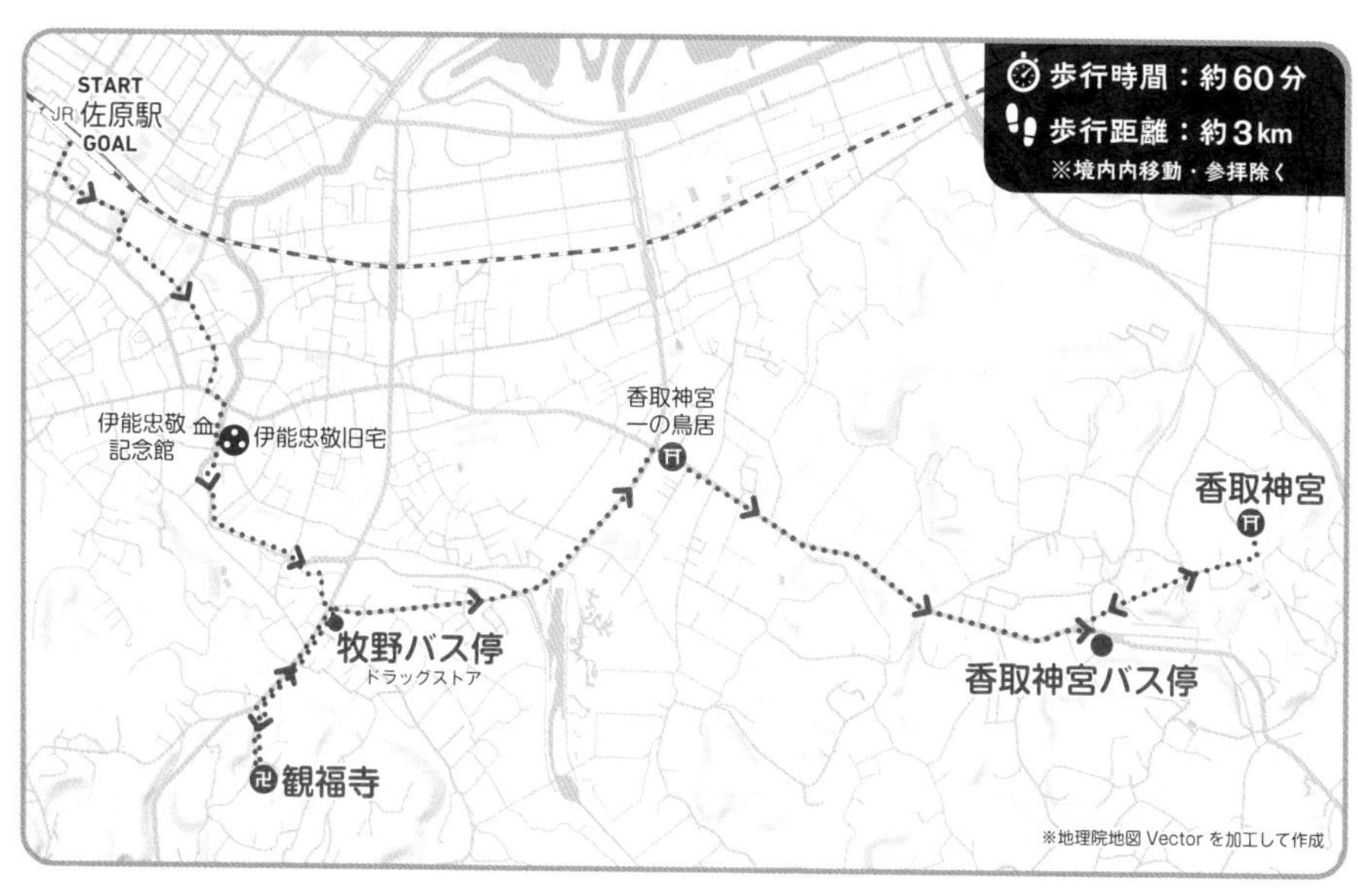

東国三社巡りの第2弾は、香取神宮。香取神宮がある佐原エリアは、かつて「江戸優り」と語られるほど栄えた、歴史情緒溢れる素敵な水郷の町。今回は、佐原観光も兼ねて日本三大厄除け大師の一つ観福寺にも足を延ばします。

スタートはJR佐原駅。都心から概ね2時間です。駅南口から最初に伺う観福寺までは約2キロ。駅からすぐの観光案内所の先を左折し、下堀通りを直進。しばらく歩くと伝統的な建造物や風情ある建物が立ち並ぶ小野川河畔に達します。伊能忠敬の旧宅や記念館

その繁栄ぶりから小江戸とも呼ばれ、今もその面影を残す佐原の町並み。

歴史の町に相応しい駅舎のJR佐原駅。
千葉県香取市佐原イ

香取市コミュニティバスの牧野バス停。運賃は大人300円。現金、Suica、PASMOで支払い可。

本堂

歴史と趣を感じさせる観福寺の山門。
千葉県香取市牧野1752

があるほか、川沿いの写真映えするスポットも多数。カフェや伝統食材のお店も多くあります。この地区を通り抜けて突き当たりを左折、さらに進むこと10分で県道佐原八日市場線に達し、そこを右折し約5分、右手に観福寺の山門が現れます。寄り道をしなければ駅からで30分ほど。

うっそうとした緑の中に佇み歴史を感じさせる山門を抜け、石畳の道を進むと修行大師像に出迎えられます。右を向くと本堂。奥には不動堂。左側の階段を上ると観音堂、鐘楼、毘沙門堂など。境内は、四季折々の自然美を感じさせる癒しの空間です。

真言宗豊山派妙光山観福寺の開山は寛平2（890）年。ご本尊は、聖観音菩薩。元佐原の豪商、伊能家の菩提寺であり、伊能忠敬のお墓もあります。厄除け、方位除けの祈祷のため、各地から多くの参拝者が訪れる古刹です。

参拝を済ませ、次の目的地・香取神

📍千葉県香取市香取1697－1

バスを降りるとすぐににぎやかな参道入口。その先に朱塗りの大鳥居。

著者が参拝に訪れた季節は、夏の大祓の茅の輪が本殿前に設置されていた。

宮にはコミュニティバスで向かいます。山門を出て、県道を右手に進むこと5分ほどで右側にドラッグストア、その先を渡って右折するとバス停「牧野」に到着。この間、歩道が狭いうえに交通量が多いので注意が必要です。このコミュニティバスは、現状（2023・10）土、日祝日、振替休日のみ運行のようなので、事前に調べ、その時間に合わせて行動計画を立てます。牧野から香取神宮までは乗車10分ほど。

なお、観福寺から香取神宮までは、徒歩で約3・5キロ。歩けない距離ではないのですが、先述の通り、交通量が多く危ないのでバスが適当です。

下車するといくつものお店が軒を連ねる参道です。その先に進むと朱塗りの大鳥居。この鳥居は第二の鳥居で、第一の鳥居は利根川河畔の鳥居河岸にあります。

全国に約400社ある香取神社の総本社である香取神宮の創建は、鹿島神宮同様に神武天皇の治世に遡ります。御祭神は、経津主大神（ふつぬしのおおかみ）。鹿島神宮の御祭神、武甕槌大神（たけみかづちのおおかみ）とともに天照大御神によって出雲に派遣された神様です。家内安全、産業振興、さらには平和・外交の祖神として篤く信仰されています。

朱の鳥居を抜け、木々に囲まれた広

旧参道側の奥宮へはここから入る。心願成就のご利益で知られる。

楼門は、元禄13(1700)年の造営。

い参道を進んでいくと神池があり、その先に総門。総門を抜け手水舎で身を清め、国の重要文化財の楼門を抜けると真正面に拝殿・本殿。本殿も国の重要文化財です。右手には樹齢1000年以上と伝わる御神木。本殿の周りは一周することができ、そこには匝瑳神社、桜大刀自神社、鹿島新宮などが鎮座し、併せて巡拝します。このほか、周辺にはいくつもの末社がありますから、探しながらゆっくり巡拝してもいいでしょう。

楼門から表参道に戻り少し進んだ右側、香取護国神社に行く山道へ。その奥に要石。鹿島神宮のそれ同様に大鯰を押さえつけると伝わるのですが、露出部分は鹿島の凹形に対し、こちらは凸形だから不思議な関係性を感じます。さらに進んで旧参道に出たら左折し、少し進むと奥宮への参道。奥宮には御祭神の荒魂が祀られます。奥宮左側の急な坂道を下ると朱の鳥居。

帰路は、いったんコミュニティバスでゴールのJR佐原駅へ。土日なら参道バス停から関鉄グリーンバスの高速バスで東京駅への直行便もあります。

東国三社の位置関係は、美しい直角二等辺三角形を描き、支え合っているようです。そして、それぞれ水と深い関係を持ち、国の安寧をご神徳としています。昨今の異常気象や世界で発生している紛争の解決を願い、世界中の為政者に東国三社巡りをオススメしたいと感じました。

伊豆国一ノ宮　三嶋大社

かつて伊豆国の国府が置かれ、東海道の宿場町としても賑わった三島は、三嶋大社の門前町です。大社は近畿以西に多く、関東近郊の大社は、富士山本宮浅間大社と諏訪大社そしてこの三嶋大社のみです。

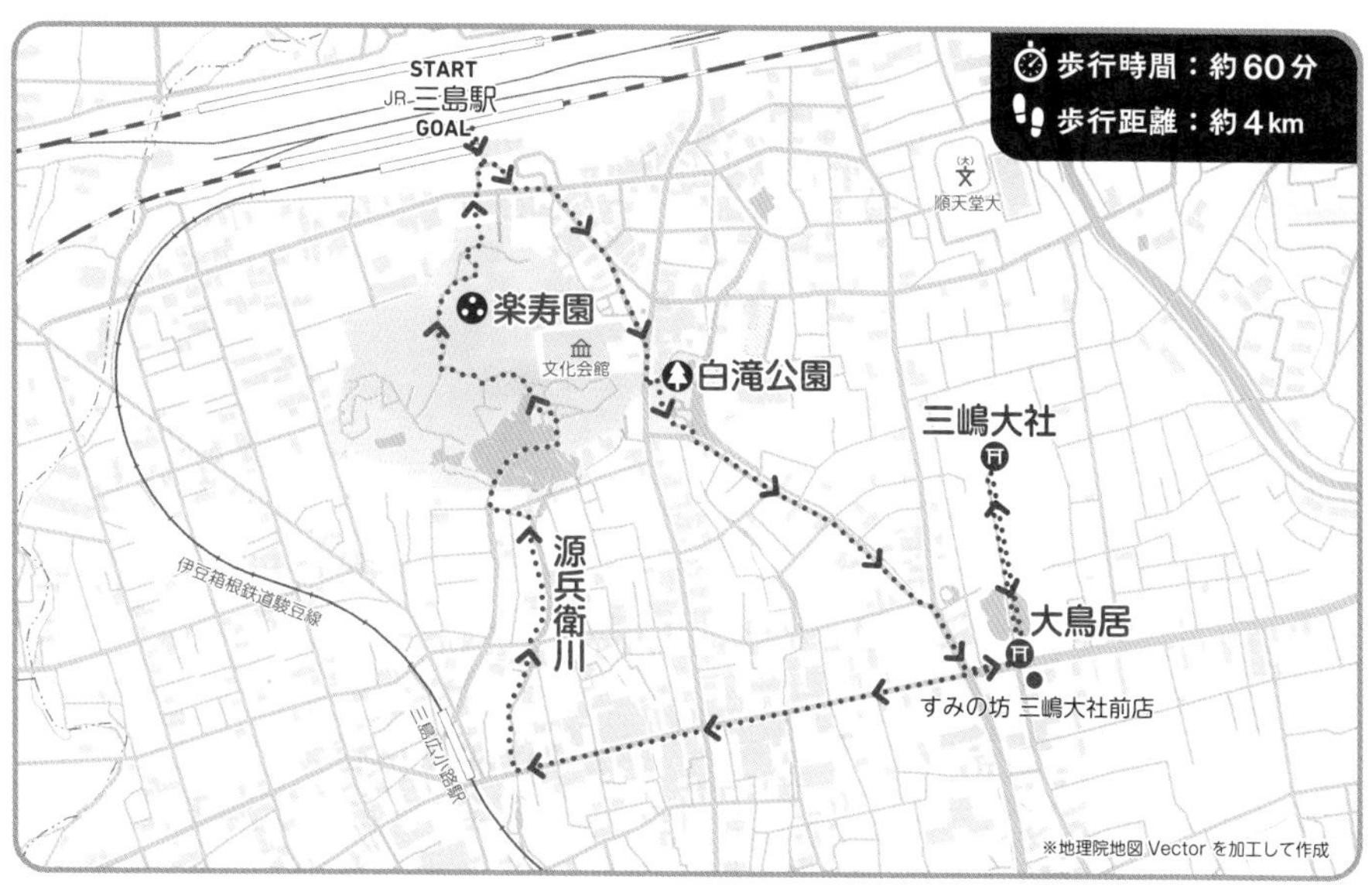

飛鳥時代から江戸時代まで続いた日本の律令制。武蔵、相模、安房などの旧国名は、都道府県にとってかわった現在でも、その地域の生活の至る場面で登場します。個々の令制国におけるもっとも格式の高い神社が諸国一ノ宮で、本書で取り上げる玉前神社、氷川神社などが当たります。今回訪れた三嶋大社は、伊豆国一ノ宮。その勢力圏は、伊豆半島全域から遠く伊豆七島まで及びます。そして、かつて伊豆に流された源頼朝が深く崇敬し、再興を誓ったことでも知られています。

スタートはＪＲ三島駅。東京から新

START JR三島駅
↓ 徒歩5分
白滝公園
↓ 徒歩10分
三嶋大社大鳥居
↓ 徒歩5分
三嶋大社本殿
↓ 徒歩5分
三嶋大社大鳥居
↓ 徒歩10分
源兵衛川
↓ 徒歩10分
楽寿園
↓ 徒歩10分
GOAL JR三島駅

三嶋大社 大鳥居

かつて宿場町だった三島。大鳥居は浮世絵などにもその姿が描かれている。
静岡県三島市大宮町2-1-5

神鹿園
境内の売店で売られている「鹿せんべい」を目当てに鹿が近づいてくる。

腰掛け石
源頼朝と北条政子のロマンス伝説が残る腰掛け石。

幹線だと最短で42分です。南口に出てロータリーを越え直進して約5分、富士山系の豊かな湧水で満たされた池が美しい白滝公園に到着。緑たっぷりの市民の憩いの場です。散策しながら公園を抜け、桜川に突き当たって川沿いをそのまま進みます。川岸には正岡子規や若山牧水らの歌碑や文学碑。桜川が途切れた先、旧東海道の大社町西交差点を左手に進むと、石造りの重厚な三嶋大社の大鳥居が見えてきます。

　大鳥居をくぐり石畳の参道を進みます。参道はミシマザクラやソメイヨシノの名所として知られています。その両脇には神池が広がり、左側の池の上には北条政子が勧請した厳島神社。家門繁栄、裁縫などのご神徳。

　参道をそのまま進み、しばらくして総門。その先の神門まで桜並木が続いています。総門をくぐり右横に宝物殿、その奥に神鹿園。神門の手前右側に大小二つの「腰掛け石」。大きな方には

慶応２年竣工の本殿は、国の重要文化財指定。

金木犀の大木

豆知識

源頼朝は、1160年、13歳で伊豆国へ流刑となり、その後1180年に挙兵するまでこの地に留まった。その間、三嶋大社に崇敬を深めた頼朝は、鎌倉幕府を開いた後も、伊豆山神社、箱根神社、そして鶴岡八幡宮とともに篤く信仰した。このため、その後も多くの武将が頼朝に倣って参拝するようなり、江戸時代も幕府が庇護した。

源頼朝が、小さな方には北条政子が腰を掛けたと伝わります。

神門をくぐると目の前に舞殿。そのすぐ横には、樹齢１２００年を超えるといわれる金木犀の大木。国の天然記念物に指定されています。その舞殿の奥に極めて精緻な彫刻が見事な本殿。幣殿と拝殿の3層からなり、その荘厳さに圧倒されます。

三嶋大社の創建は不明ですが、（もともとは三宅島にあり、その後、伊豆白浜を経て）、少なくとも１０００年ほど前からこの地に鎮座していたようです。主祭神は、大山祇命（おおやまつみのみこと）と積羽八重事代主神（つみはやえことしろぬしのかみ）の二柱で、併せて三嶋大明神とされます。厄除けをはじめ商売繁盛、家内安全など、伊豆の守護神として篤く信仰されています。

境内には、多くの摂社、末社があります。歴史的遺構や桜をはじめ四季折々の草花が目を楽しませてくれますから、優に1時間以上の滞在となるでしょう。この間、売店で名物の「福太郎餅」をいただくのもオススメです。

　さて、参拝と境内散策を済ませ大鳥居を出ると、目前に鰻の名店「すみの坊」。人気店ゆえ昼時は長蛇の列となりますが、そんな時には、テイクアウトができる「うなぎたい焼」がオススメです。皮は鰻のたれを混ぜてカリッと焼き上げられたご飯、餡は鰻のかば焼き。三島名物の鰻を手頃にいただけます。

　うなぎたい焼をほおばりつつ、大鳥居前の旧東海道沿いを三島広小路駅方面（大鳥居を背中に右側に進む）に10分ほど歩くと、三島広小路駅の手前に源兵衛川。川沿いの遊歩道を右手に入ると、非常に清らかな水の流れの中に整備された冷涼な木道が続き、映えスポットもある絶好のウォーキングコースです。遊歩道を歩き終えると和風庭園や歴史的邸宅などのある広大な公園「楽寿園」。小松宮彰仁親王が明治23年に別邸として造営し、現在は国の名勝に指定されています。のりもの広場やどうぶつ広場、郷土資料館も併設され、ファミリーでにぎわう園内を散策しながら通過し、三島駅側の出入口から出ると目前がゴールのJR三島駅です。

　ところで、本書で紹介している箱根神社と伊豆山神社、そしてこの三嶋大社は、源頼朝ゆかりの神社として三社詣が盛んに行われています。専用の「ご朱印帖」も用意されているそうですから、強運・開運成就を願い、巡拝してはいかがでしょうか。

豆知識

世界かんがい施設遺産

1950年に設立され、世界の75の国・地域が加盟する国際かんがい排水委員会（ICID、本部インド・ニューデリー）が創設し、建設から100年以上経過し、かんがいの歴史・発展に貢献した施設を顕彰・登録する制度。源兵衛川は2016年に登録された。

源兵衛川は、楽寿園に湧き出る伏流水を水源とする。

すみの坊三嶋大社前店
うなぎたい焼は、香ばしく美味。通販でも購入可能。
静岡県三島市大社町18−1

「ご来光の道」東の起点でパワーチャージ〜玉前神社

千葉県旭市からいすみ市まで、全長約66キロの砂浜、九十九里浜。北端の玉崎神社、南端の玉前神社という、二つの“たまさき”神社に挟まれた海岸線です。

START JR東浪見駅
↓徒歩35分
釣ヶ崎海岸
↓徒歩35分
JR東浪見駅
↓電車1駅3分
JR上総一ノ宮駅
↓徒歩7分
玉前神社
↓徒歩7分
GOAL JR上総一ノ宮駅

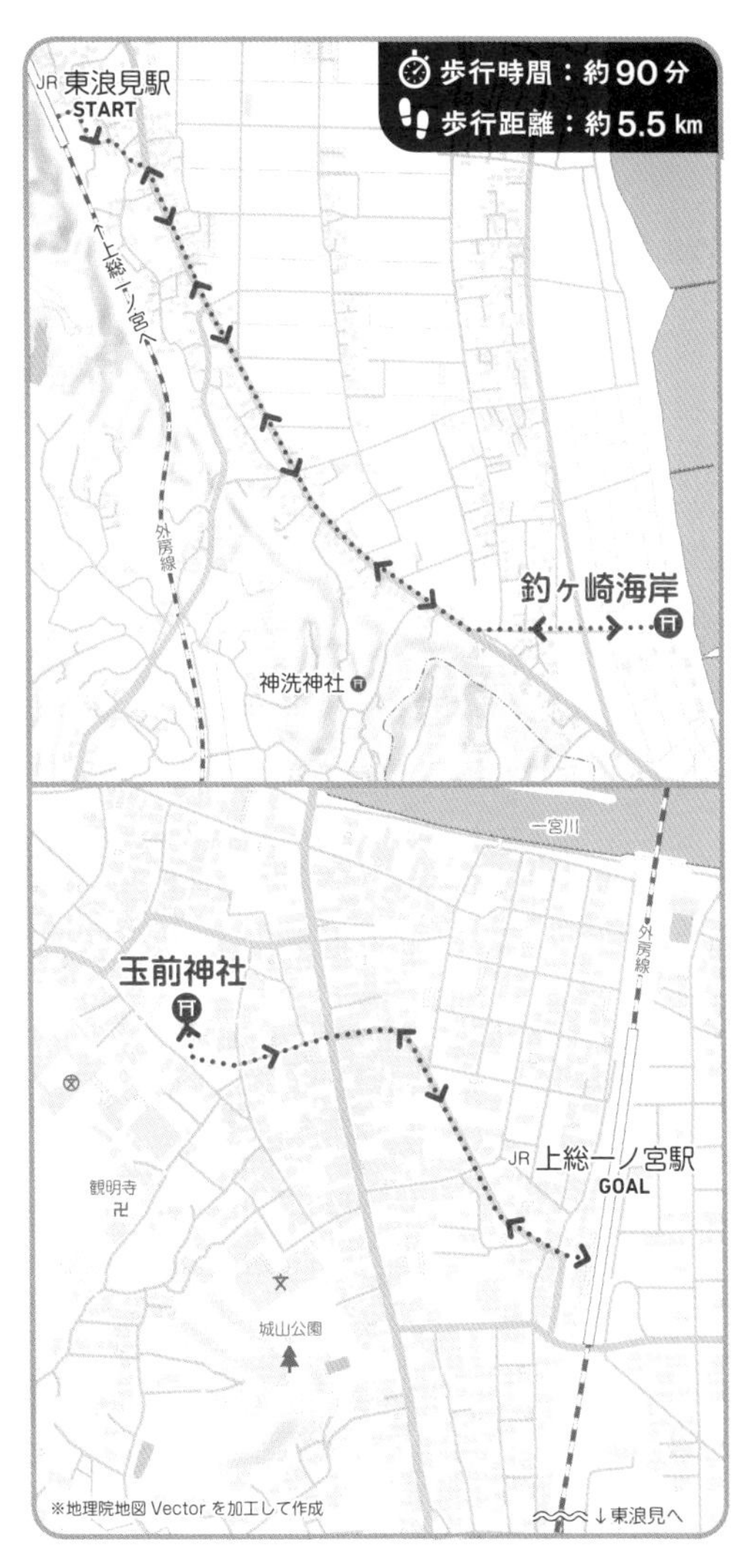

上総一ノ宮駅 ゴールの上総一ノ宮駅から東京駅までは最短で約1時間。

新型コロナウイルス感染症流行の影響で1年遅れての開催となった東京五輪。新種目として採用されたサーフィンの会場となったのが、サーファーから「志田下ポイント」と呼ばれる千葉県一宮町の釣ヶ崎海岸です。ここのランドマークが太平洋を向いてでーんと屹立する鳥居。実はこの海岸、1200年以上の伝統を誇る神事「上総十二

鳥居の傍に設置された五輪記念のモニュメント。

一の鳥居は五輪会場にもなった釣ヶ崎海岸のシンボル。

参道には古い商家が今も残る。

子宝・子授けイチョウ
３株の銀杏は家族の象徴。

社祭り」の会場で、この鳥居こそ上総国一之宮玉前神社の一の鳥居なのです。「裸まつり」として地元で知られるこの祭りは、御祭神の玉依姫命（たまよりひめのみこと）とその一族の神々が1年に一度再会するという「浜降り神事」で、毎年9月13日に開催されます。

　そして、この鳥居のもう一つのポイントが、「ご来光の道」と呼ばれるレイラインの東の起点であること。レイラインには様々なルートが知られていますが、こちらは玉前神社から寒川神社、富士山を通り伊吹山、大山、そして出雲大社に至るルート。東西をまっすぐに貫く北緯35度22分に位置しており、春分・秋分にはこのライン上から日が昇り、日が沈むことから、神聖な力があるとされます。今回は、そんな関東屈指のパワースポット、玉前神社への一社詣です。

　スタートは、ＪＲ東浪見（とらみ）駅。東京駅から特急で上総一ノ宮駅まで行き、在来線に乗り換え一駅。まずは釣ヶ崎の一の鳥居を目指します。東浪見駅からは約２・４キロメートル、35分。駅を出て右に進み国道１２８号を勝浦方面に南下、「神洗神社」の表示の先を左折し、直進すれば釣ヶ崎です。この神洗神社は、玉前神社本宮。時間に余裕があれば参拝を。表示があるところを右折し、約３００メートルです。

　一の鳥居は砂浜に立っています。太平洋側から入れば、「ご来光の道」の第一歩。いつの日かこのレイライン上にあるパワースポット巡拝を完結した

参道の和菓子店で買い求めたイチゴ大福とみかん大福。どちらも美味！

権現造りの社殿は、重厚な黒漆塗り。1687年の造営。
千葉県長生郡一宮町一宮3048

いものです。

もと来た道を戻り、東浪見駅経由で再び上総一ノ宮駅へ。一宮町は、玉前神社を中心に発展してきた町で、街道沿いには江戸時代から続く商家づくりの家々が残されています。西口を出て右方向に向かう道が参道で、道なりに進み国道128号を渡った先に玉前神社の赤い鳥居が見えてきます。

平安時代創建と伝わる古社で、御祭神の玉依姫命は、神武天皇の母とされます。縁結び、子授け、安産などのご神徳で知られています。本殿での参拝を済ませましたら左手から後ろ側の「はだしの道」へ。こんもりとした木々の周りに白石が敷き詰められ、「一周廻りて無垢となり、二周廻りて気を入れて、三周廻りて気を満たす」とあります。是非、はだしになって3周廻りましょう。足の裏に若干の痛みを感じますが、その分ご利益も期待できそうです。

白石が敷き詰められた「はだしの道」。素足で三度巡ります。

手水舎に戻ってその奥は雄株・雌株・子どもの順に両手で触れると願いが叶う「子宝・子授けイチョウ」。授与所では、女性の体を守護する「月日守」のほかにサーファーの安全祈願「波乗守」も。御朱印の印は月替わりです。

ゴールの上総一ノ宮駅には来た道をそのまま戻りますが、周辺の古い町並みを散策してもよいでしょう。九十九里の海の幸を出すお店や、イチゴ大福などの和菓子店などが点在。休憩がてらの道草もウォーキングの楽しみです。

広大な境内で心も体も癒やされる！～成田山新勝寺

2023年は、真言宗の宗祖・弘法大師空海が生まれてから1250年の節目の年。真言宗の寺々では様々な催しが行われました。

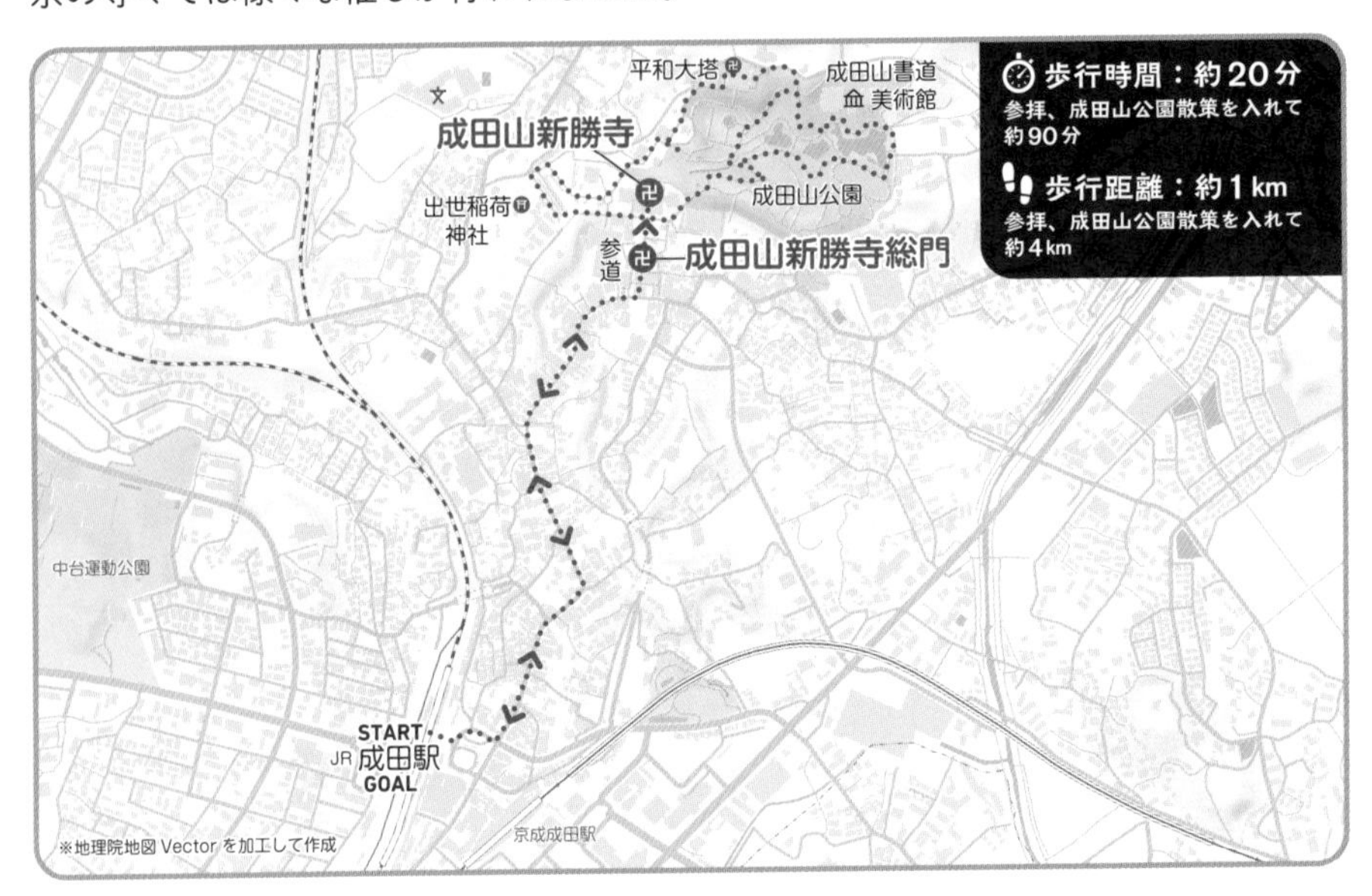

START JR成田駅
↓ 徒歩10分
成田山新勝寺
↓ 徒歩10分
GOAL JR成田駅

JR東京駅からJR成田駅までは、最短で1時間ちょっと。

関東で真言宗のお寺といえば、智山派三大本山の成田山新勝寺、川崎大師平間寺、高尾山薬王院が知られていますが、中でも最も規模が大きいのは新勝寺。お正月の参拝者数でも常に全国トップクラスですね。また、このお寺に隣接する、手入れの行き届いた庭園がとても素晴らしいのです。参拝とセットでの庭園ウォーキングを提案したいと思います。

スタートはJR成田駅。東口ロータリーに出ると、参道の入口にすぐ気付くはずです。なお、京成成田駅はJR駅とはつながっていないので、お友達

境内の堂塔伽藍を巡拝すれば、成田山1100年の歴史を感じることができる。
千葉県成田市成田1

総門前の広場では、毎月28日に骨董市が開催される。

参道は土日ともなると多くの人でごった返す。

仁王門の大提灯は、重さ800キロの特大サイズ。

三重塔

成田山公園の広さはおよそ東京ドーム3.5個分という。

成田山新勝寺全景

とのお待ち合わせには注意が必要です。土産物店やカフェが目白押しのにぎやかな参道を10分ほど下って行くと総門に達します。

　成田山新勝寺の開山は天慶３（９４０）年、開基は寛朝大僧正。空海が開眼した不動明王が御本尊で、お不動様信仰の代表的な寺院です。全国に71の別院や末寺等がありますが、中でも有名なのが東京別院の深川不動堂です。また、水戸の黄門様・徳川光圀や二宮尊徳など、歴史に名を残す人々とのかかわりも知られるところですが、特に有名なのが歌舞伎の初代市川團十郎でしょう。本堂で子宝祈願したところそれが成就し、その後、感謝を込めて新勝寺を舞台にした歌舞伎を演じ、江戸中を沸かせたという逸話が残っています。今でも続く「成田屋」はここからきているのです。

　さて、荘厳さ際立つ総門をくぐり境内に入りますと、国の重要文化財、仁

出世稲荷に祀られる荼枳尼天（だきにてん）尊は、仏教の豊穣を司る神様。

醫王殿と平和大塔

光明堂

額堂

釈迦堂

王門が待ち構えています。真ん中にデーンとぶら下がっている提灯には「魚がし」の文字。築地の成田山魚河岸講の寄進です。その奥が大本堂。右にはやはり重要文化財の三重塔。本堂での参拝が済みましたら成田山公園へ向かいます。

園内は、山あり池あり滝ありで、季節を問わずいつ訪れても四季を味わえるよう工夫されていますが、春の梅、桜、さらには紅葉の季節は特にオススメです。また各所に芭蕉や虚子をはじめとする文人の句碑があるほか、書道美術館も併設されています。ゆっくり園内を散策するのなら1時間以上は必要です。

公園での散策が済みましたら、小高い丘にそびえる平和大塔、病気平癒のご利益のある醫王殿、恋愛成就の光明堂、重要文化財の額殿、やはり重要文化財で開運厄除けの霊験あらたかな釈迦堂などを巡ります。

そして、少し離れた場所に鎮座する出世稲荷は確実に押さえましょう。お供えの「あぶらげ」が参道の売店で売られています。絵馬には名刺を貼り付けるのが習わしです。習わしといえば、こちらの神社は二礼二拍手一礼ではなく「合掌一礼」ですからご注意ください。最後は、総門横の弁財天池で重なり合って甲羅干ししている亀たちに挨拶をして辞します。

成田山新勝寺では、年間を通じて多くの行事が行われています。貴重な体験となるかもしれませんから、事前に確認して出かけてみてください。

歴史と信仰の町・藤沢を知る〜江島神社・遊行寺

辻堂や鵠沼、片瀬といった湘南を代表するビーチと江の島のある藤沢市は、年間1000万人以上が訪れるという観光都市。その歴史に触れるミニトリップです。

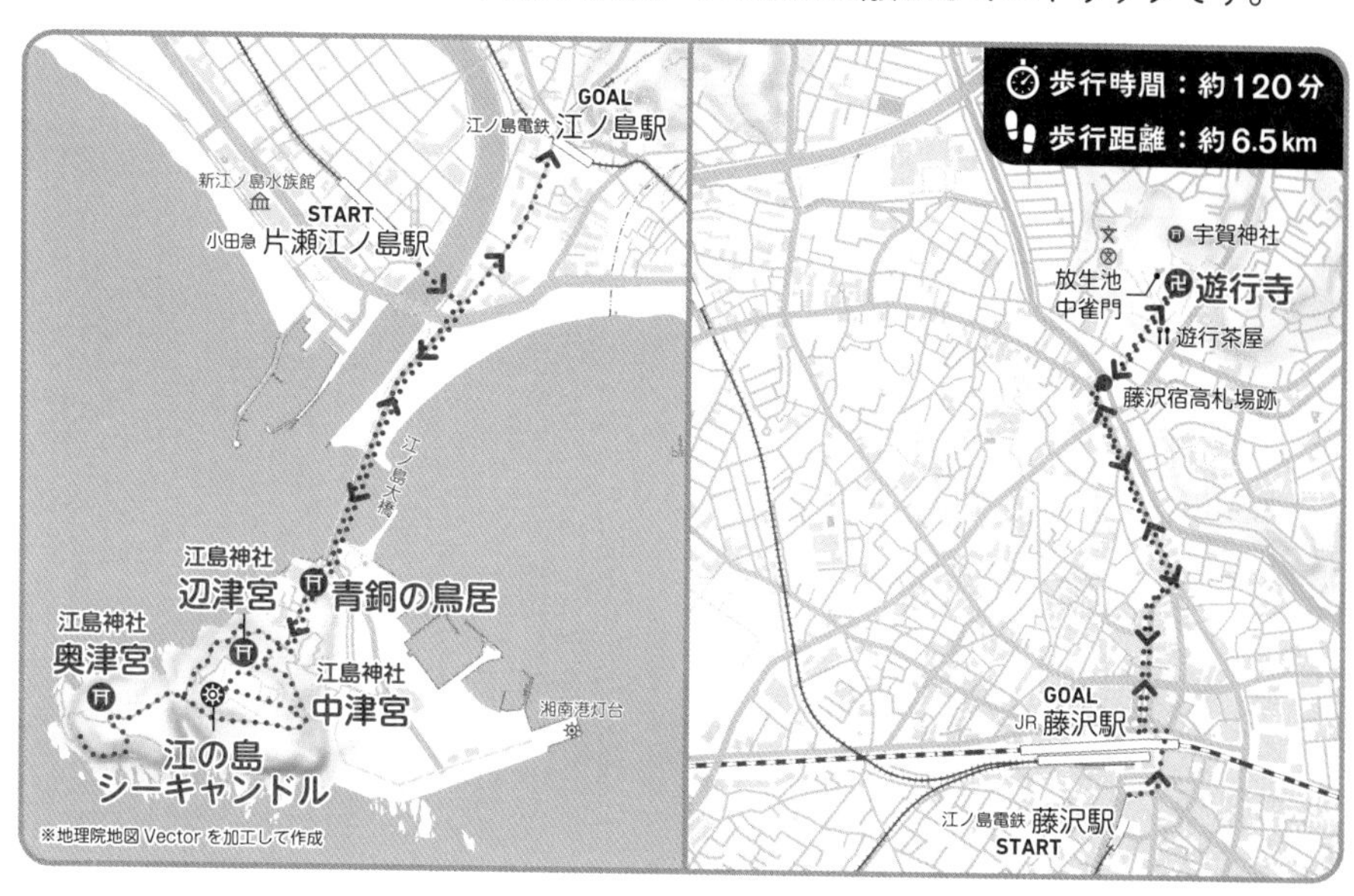

START 片瀬江ノ島駅
↓ 徒歩15分
青銅の鳥居
↓ 徒歩10分
辺津宮
↓ 徒歩10分
江の島シーキャンドル
↓ 徒歩10分
奥津宮
↓ 徒歩40分
江ノ島電鉄江ノ島駅
↓ 電車10分
藤沢駅
↓ 徒歩15分
遊行寺
↓ 徒歩15分
GOAL JR藤沢駅

藤沢といえば、鎌倉と茅ヶ崎に挟まれた湘南の人気スポット。かつて東海道6番目の宿場町であったこの町は、古くから交通の要衝として栄え、歴史的な遺構も数多く残ります。一方で、江島神社と遊行寺という二つの信仰対象が、多くの参拝者を招き入れた町でもあります。今回は、この二つのスポットを巡るミニトリップです。

スタートは、小田急電鉄・片瀬江ノ島駅。駅の目の前に川を挟んで江の島弁天橋が見えます。これを渡って約15分で江の島の入口、青銅の鳥居に達し、ここから弁財天仲見世通りに入りま

青銅の鳥居

青銅の鳥居からしばらく続くにぎやかな弁財天仲見世通り。

片瀬江ノ島駅

竜宮城をモチーフにした片瀬江ノ島の駅舎。

中津宮
朱も鮮やかな中津宮。隣に水琴窟のある庭園。
神奈川県藤沢市江の島2-3-21

す。いまや江の島の定番、あさひ本店の「丸焼きたこせんべい」は行列必至です（筆者は約20分並んで購入）。

そのまま進むと朱の鳥居。次いで瑞心門。さらに階段を上がって江島神社辺津宮に到着。なお、朱の鳥居の脇から辺津宮、中津宮を通り江の島頂上まで有料のエスカーでも昇ることができます。

欽明天皇13（552）年の創建と伝わる江島神社は、辺津宮、中津宮、奥津宮から構成され、それぞれ御祭神として、辺津宮の田寸津比賣命、中津宮の市寸島比賣命、奥津宮の多紀理比賣命が祀られます。

辺津宮の左側にあるのが奉安殿。日本三大弁財天として有名な八臂弁財天（国指定重要文化財）と裸弁財天・妙音弁財天が祀られています（拝観料200円）。その左側に八坂神社、秋葉社・稲荷社。道なりに5分ほど進み中津宮に到着。極彩色の社殿が印象的。

中津宮をお参りし、そのまま坂道と階段を上って行くと、3分ほどで江の島頂上に到着。奥に江の島サムエル・コッキング苑。季節の花が咲き、緑も美しい植物園で、おしゃれなレストランやお店がありますから、休憩によいでしょう。ただし、トンビに食べ物を狙われるらしいのでご注意を。

5分ほど下り、海食洞の天井部分が陥没した跡の「山二つ」。さらに3〜

岩屋内は、その一部の区間をろうそくの灯りを頼りに見学する。

4分進むと、頼朝が寄進したという鳥居。その正面に奥津宮が鎮座。拝殿の天井には有名な「八方睨みの亀」を見ることができます。

その隣には、龍宮。ここから急な階段を5分ほど下りると釣りの名所「稚児ヶ淵」。岩屋橋の先に龍神伝説発祥の地、江の島岩屋。かつての祈りの場で、中には石仏が安置され、とても雰囲気がありオススメです。見学を終えたらもとの道を戻ります。岩屋から青銅の鳥居まで、約20分。

江の島シーキャンドル

展望灯台・江の島シーキャンドルに上れば江の島界隈を一望でき、特に夕日が素晴らしいと評判。
神奈川県藤沢市江の島2-3-28

江の島で小腹がすいた時にオススメ、しらすカレーパン。

次の目的地、遊行寺へはそのまま江ノ電を利用。弁天橋を渡ってそのまま直進すると江ノ島駅。乗車約10分で藤沢駅。ちなみに、江の島から遊行寺までは、かつて「江の島道」と呼ばれた参道が約6キロ。元気があればそぞろ歩きもよいかも。

遊行寺へは、JR藤沢駅側に出て国道467号を約10分進み、藤沢橋交差点の先、藤沢宿高札場跡を右折、遊行寺橋（旧大鋸橋）を渡り直進して5分で到着。なお、この橋のたもとには、かつて江島神社の一の鳥居がありました。つまり、この橋付近から参道がスタートしていたわけです。

時宗総本山の遊行寺は1325年開山。正式名称は、藤澤山無量光院清浄光寺。その名が示す通り藤沢は、このお寺の門前町として発展してきたのです。

黒門と呼ばれる惣門に迎え入れられ、桜並木のいろは坂を上りきると左

遊行寺

総門

放生池には、将軍綱吉の生類憐れみの令に伴い、江戸中から集められた金魚銀魚が放たれた。

側に樹齢700年と伝わる大銀杏。その先、美しい植え込みの中に宗祖・一遍上人の像。その奥、階段を数段上る

一遍上人像
一遍の勧めた踊り念仏は、盆踊りの原点といわれている。

本堂には御本尊の阿弥陀如来像が安置されている。
神奈川県藤沢市西富1-8-1

と正面に本堂が鎮座しています。本堂を正面にして左側の鐘楼左横の道を進むと宇賀神社。徳川将軍家の祖とされる得川有親（とくがわありちか）の守り本尊と伝わる宇賀弁財天をお祀りします。金運開運のパワースポットとして江戸時代から信仰されています。

来た参道を戻り、右手に菊と三つ葉葵の二つの御紋が目を引く中雀門。その脇の黒門から中に入ると奥に放生池。広い境内には、桜、藤、菖蒲など四季を彩る花々に加え、数々の史跡や文学碑などの見どころも多く、ゆっくりと散策するのがオススメ。また、トイレの近くには「遊行茶屋」休憩所があり、手頃な値段で甘味などをいただけます。ただし、こちらの営業日は事前に確認を。

帰路は、来た道を戻ってゴールの藤沢駅へ。大きく発展を遂げた藤沢ですが、その歴史は遊行寺と江島神社という二つの寺社とともにあるのです。

唯一無二の八方除～寒川神社

神奈川県寒川町は、茅ヶ崎市や平塚市、藤沢市などに囲まれた、“神奈川のおへそ”。年間200万人の参拝者が訪れる、相模國一之宮・寒川神社の鳥居前町として発展してきました。

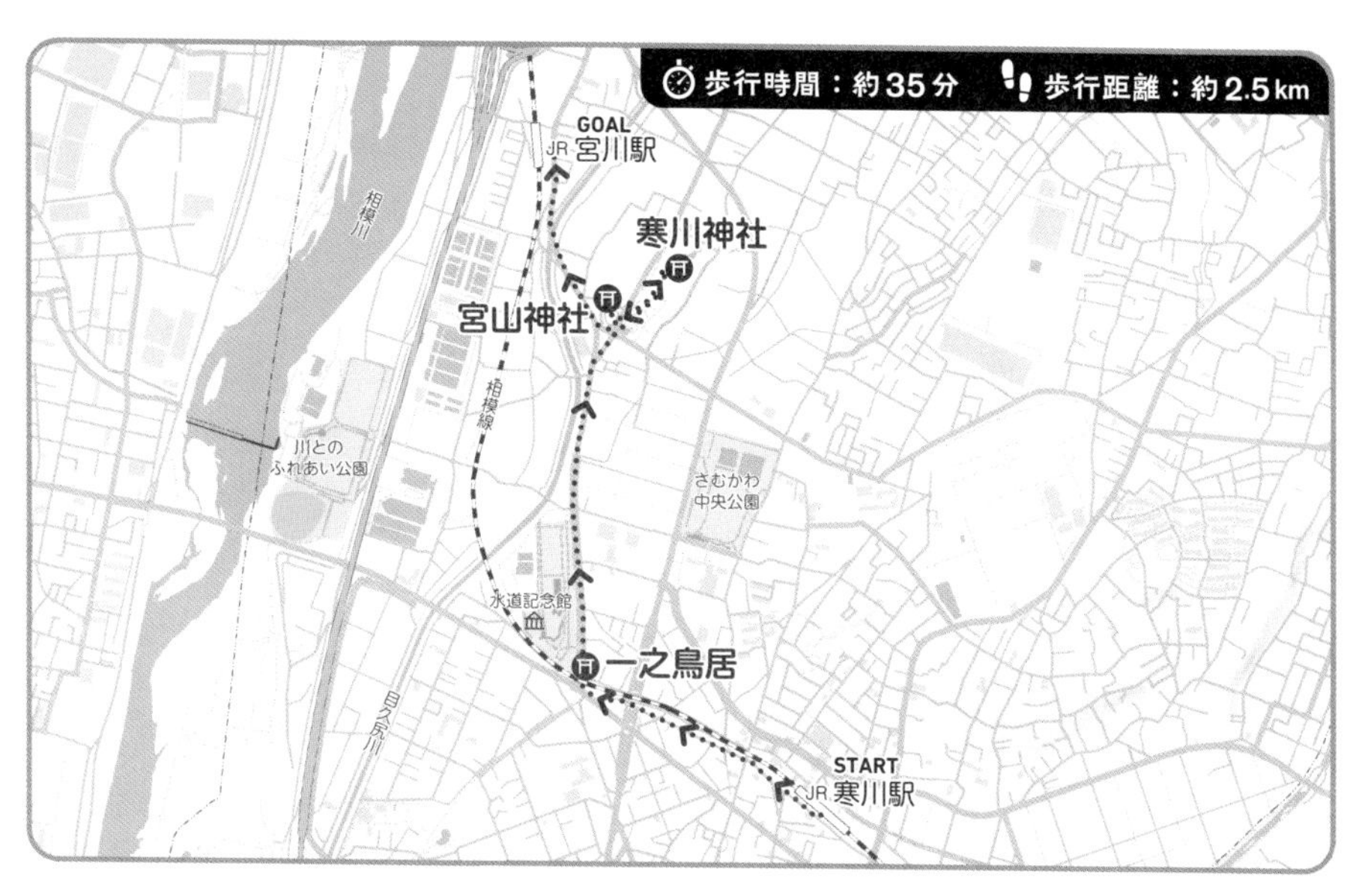

START JR寒川駅
↓ 徒歩10分
一之鳥居
↓ 徒歩15分
寒川神社
↓ 徒歩3分
宮山神社
↓ 徒歩7分
GOAL JR宮川駅

神社や寺院などを訪れて参拝する祭、拝殿や本堂の前で祈願するスタイルが一般的ですが、何か特別に大事な願い事や報告事がある場合には、社殿や本堂に上がって神職に従い祈りを捧げます。これがいわゆる正式参拝（昇殿参拝）です。このような正式な祈祷者数において常に日本トップクラスを誇るのが相模國一之宮・寒川神社です。その理由は、全国で唯一の八方除（よけ）の神様であるからでしょう。関東近隣にお住まいの方なら、厄年をはじめ結婚、転居、家の新築など人生の節目に訪れるべき神社です。その際は是非、身な

御社殿は、1997年竣工と比較的新しい。旧社殿は同じ寒川町の倉見神社に移築され残されている。

神奈川県高座郡寒川町宮山3916

一之鳥居は安政大地震と関東大震災の二度倒壊。もとの一之鳥居の笠木が境内に置かれている。
神奈川県高座郡寒川町宮山

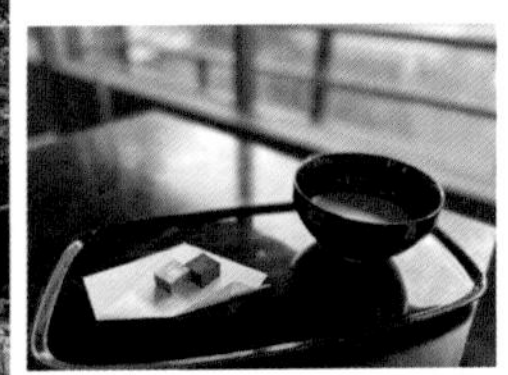

清浄な神嶽山神苑でのくつろぎの時間は、御祈祷を受けた人のみの特権。

りを整えて正式な昇殿参拝で臨みましょう。

今回は一之鳥居から参るのでJR相模線寒川駅がスタート。神社に直行する場合は、隣の宮山駅が至近です。寒川駅南口を右手に進み10分、大門踏切前を右折して踏切を越えれば一之鳥居。一之鳥居をくぐりぬけてまっすぐな参道を歩いて約8分で大鳥居（二之鳥居）。さらに参道を5分ほど進むと、神池橋、三之鳥居に達します。

寒川神社の御祭神は、寒川比古命（さむかわひこのみこと）、寒川比女命（さむかわひめのみこと）の二柱で、寒川大明神と奉称されます。先述のごとく、方位神のお力ですべての悪事災難を取り除き、福徳開運をもたらすという八方除の御神徳は、広く知れ渡るところです。創建は定かではないものの、1600年以上の歴史を有し、その圧倒的なパワーに、源、北条、武田といった武将たちも篤く崇敬していたと伝わります。

境内に入り、石畳の参道をまっすぐ

宮山神社

宮山神社は「母乳授け」で知られ、祈願の際には白豆腐をお供えする。
神奈川県高座郡寒川町宮山3854

名物の八福餅は、八方除にちなみ八角形。餡はさらりとして美味。

進むと左側に手水舎。その隣、神門の手前に神馬舎。神門をくぐり正面が大きく流麗な姿の御社殿。拝殿は、一度に216人が着席して参拝できる大きさです。

今回は御祈祷を受けるので、受付と控室がある客殿へ向かいます。著者が参った日は平日でしたので待ち時間は30分ほど。20名ほどで御社殿に向かいます。神々しい雰囲気に圧倒されつつ、厳かな気持ちでご祈祷を授かります。

ご祈祷の後、神札、八方札などをいただき（式階により異なる）、ご祈祷を受けた人のみ入苑することができる御社殿裏手の「神嶽山神苑」へ。こちらは神社の起源に深くかかわりがある神泉「難波の小池」を核とする美しい池泉回遊式庭園。「八氣の泉」は八方除にちなみ、その精気が漂うとあります。このほか園内には、茶屋「茶屋和楽亭」や「方徳資料館」も併設され、ゆったりと時間を過ごすことができます。

境内に戻り、南門を抜けて少し歩くと右手に人形・ぬいぐるみを納める人形奉斎殿。境内を出て道を挟んだ向かいには末社の宮山神社。安産、子育てのご利益で篤く信仰されています。こちらの宮山神社の右隣にはおしゃれなガラス張りの「鎮守の杜Ｋｏｙｏ」。1階は名物・八福餅が購入できるお土産物店。2階はレストラン。スイーツやカフェの種類も多く、天気の良いときはテラスも気持ち良さそうです。

また、三之鳥居から2、3分のところにある、寒川神社参集殿の「レストランあおば」は昭和の香りがするレストラン。和洋中なんでも揃っており、懐かしさを感じたいのならこちら。

帰路は、参集殿を左手に宮山神社を右手にその間の道を直進、橋を渡っておよそ5分でゴールのJR宮山駅。とてもわかりやすい道なので迷うことはありません。

三室レイラインを訪ねて～氷川三社巡り

氷川神社と名の付く神社は、埼玉と東京を中心に280社以上あり、その総本社が大宮の氷川神社。今回は、そのパワーがさらに強まるという、氷川三社巡拝です。

聖地やパワースポットが一直線上にあって相互に作用し、さらにパワーが強まると信じられるレイライン。国内では富士山を中心にしたいくつかのレイラインが有名ですが、埼玉県には武蔵一宮氷川神社（大宮氷川神社）、中山神社（中氷川神社）、氷川女體神社の3社が見沼沿いに一直線に並ぶ「三室レイライン」があると聞きました。実際に女體神社の御由緒書きには、この3社がもともとそれぞれを男体社、簸王子社（はおうじしゃ）、女體社として深い関係にあると記載されています。今回はこの3社を一気通貫で訪ねてみました。

START JRさいたま新都心駅
⬇ 徒歩10分
氷川神社一の鳥居
⬇ 徒歩30分
氷川神社
⬇ 徒歩15分
JR大宮駅
⬇ バス20分
中山神社
⬇ 徒歩60分
氷川女體神社
⬇ バス20分
GOAL JR東浦和駅

朱も鮮やかな楼門は、大宮氷川神社のシンボル。大宮の地名は、この神社に由来する。
埼玉県さいたま市大宮区高鼻町1-407

著者が訪れた2023年春、一の鳥居は耐震工事のため一時的に撤去されていた。
埼玉県さいたま市大宮区吉敷町4-97-4

大宮氷川神社摂社の中でも、特にパワースポットとして知られる門客人神社。

拝殿

まずは日本屈指の初詣参拝者数を誇る、大宮氷川神社を目指します。スタートは、JRさいたま新都心駅。東口を出て大宮方面に10分ほど歩くと右手に大きな鳥居が見えてきます。3社の中では男体社となる氷川神社一の鳥居です。ここから参道が本殿まで一直線に約2キロ続きます。ケヤキなどの木々に囲まれ緑のトンネルのような参道は「氷川参道」と呼ばれています。基本的に歩行者専用で、参道沿いにおしゃれなカフェがいくつもあり、都会なのに空気も良く、とてもいいウォーキングコースです。

二の鳥居を経て三の鳥居には30分弱で到着。正面に楼門、その奥が拝殿です。氷川神社は２４００年ほど前、孝昭天皇の御代の創建と伝わります。御祭神は、須佐之男命（すさのおのみこと）。そして、稲田姫命（いなだひめのみこと）、大己貴命（おおなむちのみこと）。ご家族の神様ですから、家内安全、良縁祈願などのご利益に授かることができます。

かつては中氷川神社と呼ばれた中山神社。
埼玉県さいたま市見沼区中川143

中山神社の奥殿(旧社殿)は、室町期から桃山期の建造。

大宮は氷川神社の鳥居前町として発展。大宮駅は、県内最大の乗降客数。

摂社の門客人神社は、稲田姫命の親神様である足摩乳命と手摩乳命が御祭神ですが、もともとはこの地の土地神様を祀っていたとのことですから、忘れずに参拝を。また、境内の神池、さらには先に広がる見沼の水源の一つとされる湧水「蛇の池」の周囲は、清浄な空気が流れ心落ち着く空間です。

大宮氷川神社を辞して、次は中山神社に向かいます。氷川神社から徒歩ですと約5キロ、なおかつ道が分かりづらいこともあり、JR大宮駅東口からバスで向かいます。国際興業バス大12系統で、20分ほどで中山神社バス停に到着します。なお、中山神社から次の氷川女體神社までのアクセスが悪いので、大宮駅からタクシーに乗車し、中山神社を経由して氷川女體神社まで回ってもらうと非常に効率が良いです。その時々の状況で判断してください。

3社の中間に位置する中山神社は、崇神天皇の時代の創建と伝わりますから約2100年の歴史を有する古社です。御祭神は、大己貴命。火渡りで知られる毎年12月に行われる例祭「鎮火祭」があるそうで、そこから火難封じのご利益も信じられています。末社の荒脛神社は、腰から下の病に霊験あらたかとされます。

3社目の氷川女體神社は御祭神に、稲田姫命をお祀りする女體社。中山神社からは、地図アプリに順って桜で有名な芝川沿いを中心に、概ね1時間強のんびり歩きます。この間、住宅地に女體神社参道鳥居がありますから探し

女體神社の社殿は、４代将軍徳川家綱が建立した。
埼玉県さいたま市緑区宮本2-17-1

住宅地の道路を跨いで立つ氷川女體神社の参道鳥居。
埼玉県さいたま市緑区宮本1-5-24

てみましょう。

創建は、中山神社同様に崇神天皇の時代。扁額には武蔵国一宮と記載されていますから、やはり男体社の大宮氷川神社とご夫婦の関係かも。女性の悩みにご利益が大きいとされる巫女人形が知られています。また、平安時代頃から見沼の龍神様をお祀りした歴史があり、現在も祇園磐船龍神祭が例祭として続けられています。龍神様のお力を強く感じられる神社でもあるのです。

氷川女體神社からゴールのＪＲ東浦和駅までは、最寄りの朝日坂上バス停から国際興業バスで20分程。徒歩だと約5キロ、70分程となります。こうして三室レイラインの3社を回ってみると、特に家事や家族に関するご利益がより強まるような気がしました。少し移動に工夫が必要ですが、是非チャレンジしていただきたいオススメコースです。

電車で10分！ 都下の二大寺社巡り～大國魂神社・高幡不動尊

府中は、かつて武蔵国の国府が置かれ、江戸時代には宿場町として発展。その隣の宿場があったのが日野市。この２市のパワースポットを巡ります。

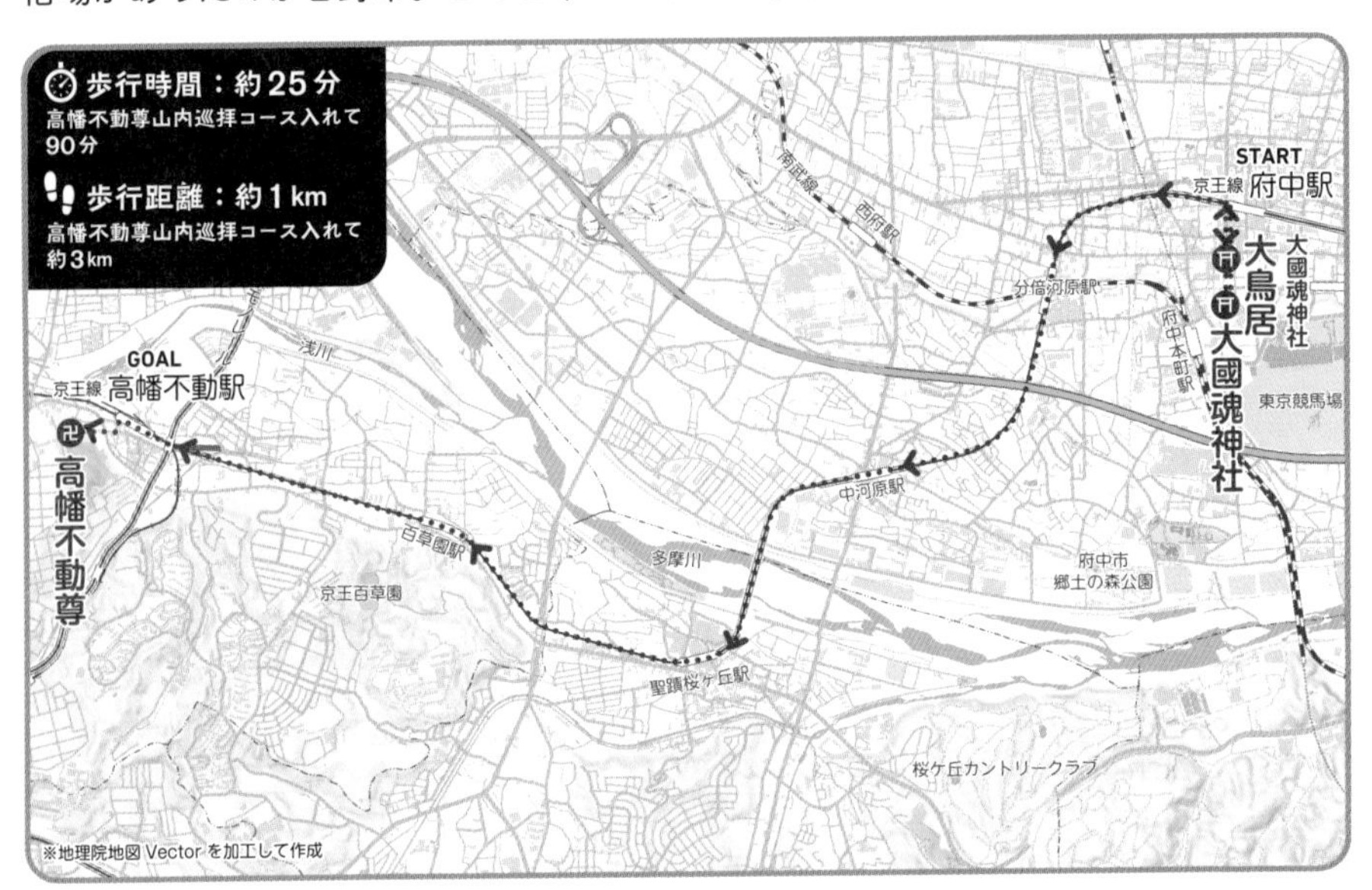

START	京王線 府中駅
↓	徒歩5分
	大國魂神社大鳥居
↓	徒歩3分
	拝殿
↓	徒歩8分
	府中駅
↓	京王線乗車10分
	高幡不動駅
↓	徒歩3分
	高幡不動尊金剛寺仁王門
↓	徒歩1分
	不動堂
↓	徒歩4分
GOAL	京王線 高幡不動駅

都内やその近郊には、その宗派や地域を束ねる地位を有する、格式高い寺社が多くあります。今回は武蔵国総社と真言宗別格本山という二つの格式高い寺社を訪ねます。

スタートは京王線府中駅。駅に接するけやき並木通りに出ます。この並木道は正式には「馬場大門欅並木」といい、国の天然記念物です。この道を旧甲州街道方面へ直進すること5分。東京五社の一社、大國魂神社（おおくにたまじんじゃ）の大鳥居に達します。創建は景行天皇41（111）年と伝わり、かつての武蔵国の一之宮から六之宮までを一ヶ所に集めて祀っ

隋神門の表側に右大臣左大臣の随神像、後側に恵比寿、大黒の両天を安置。

大國魂神社の大鳥居。御影石製の鳥居としては日本最大。
東京都府中市宮町3-1

大國魂神社 拝殿

大國魂神社の道を隔てたすぐ横には、武蔵国府跡遺跡があり、併せて訪れたい。
東京都府中市宮町2-5-3

宮乃咩神社

御神木の大銀杏

た総社神社です。御祭神は、大國魂大神。武蔵の国の守り神であることから総社と称せられます。そして小野神社（一之宮）、二宮神社（二之宮）、氷川神社（三之宮）、秩父神社（四之宮）、金鑽神社（五之宮）、杉山神社（六之宮）の武州六社明神を併せてお祀りし、「六所宮」とも呼ばれています。つまり、こちらをお参りすることで、六つの神社のありがたいご利益に授かることができるのです。

大鳥居の先には、国産檜がふんだんに使用された比較的新しい随神門。その先に中雀門、そして、拝殿、本殿。厄除け、開運、商売繁盛のご利益で知られています。また、安産祈願の柄杓は特に有名で、柄杓の底が絵馬になっており、その絵馬を抜いて柄の部分を摂社の宮乃咩神社に奉納し、無事出産したら絵馬を奉納してお礼参りをします。また、御神木の大銀杏は樹齢1000年といわれ、都下屈指のパワース

仁王門は室町時代の建立。
国の重要文化財。
東京都日野市高幡733

土方歳三像と五重塔が高幡不動尊のシンボル。

参道は高幡不動駅南口ロータリーからすぐ。

ポットとして人気です。一方、境内末社の松尾神社は、醸造の神様で酒造業や醸造業に携わる方が篤く信仰しています。

参拝を済ませましたらけやき並木通りに戻り府中駅へ。京王線に揺られること10分で高幡不動駅に到着します。高幡不動駅から高幡不動尊として知られる目的地・金剛寺までは南口を出て右手の参道を約5分。金剛力士像一対を安置する豪壮な仁王門が出迎えてくれます。

同寺は真言宗別格本山で、平安前期の創建と伝わりますから、1000年を優に超える歴史を有します。新選組・土方歳三の菩提寺でもあります。本尊は大日如来。関東三大不動の一つとも数えられ、安置される不動明王像は平安期の作で、矜羯羅童子像、制吒迦童子像とともに国の重要文化財。像を安置している不動堂も重要文化財。不動明王の厄除け病除けパワーは知れ渡っ

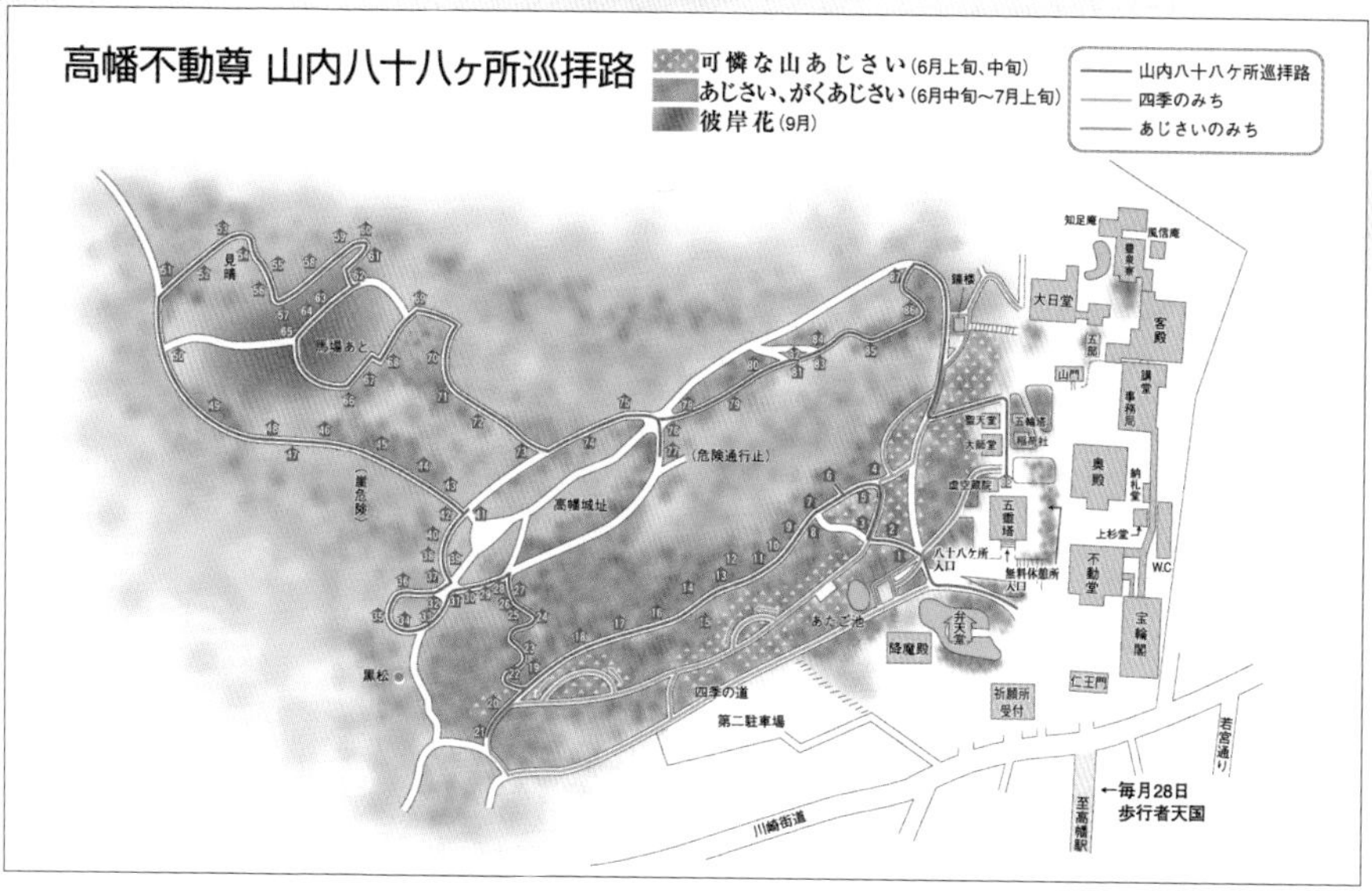

高幡不動尊 山内八十八ヶ所巡拝路

可憐な山あじさい（6月上旬、中旬）
あじさい、がくあじさい（6月中旬～7月上旬）
彼岸花（9月）

山内八十八ヶ所巡拝路
四季のみち
あじさいのみち

提供：高幡不動尊金剛寺

ていますが、必勝祈願や商売繁盛などを祈念して参拝する方も多いようです。また、虚空蔵院は13歳時に厄除けをする「十三詣り」で知られています。

境内は広く、裏手の山は高幡城址で、四国八十八霊場を模した「山内八十八ヶ所巡拝コース」として整備され、山道沿いに安置された88基の石仏が出迎えてくれます。不動堂や奥殿などでの参拝を一巡したら、このコースを巡るのがオススメです。適度な起伏がありプチ登山の雰囲気を楽しめる、ちょっとしたハイキングコースで、八十八石仏を巡拝するには最低1時間は見ておきたいところです。なお、この場合は少なくともジョギングシューズ、できればトレッキングシューズが適当です。また、城址の山はアジサイや彼岸花の名所として知られていますから、その季節に訪れると、五重塔や石仏とのセットで映えること間違いなしです。

巡拝が済みましたら、総門近くにある茶店で開運そばや高幡まんじゅうで一休み。落ち着いたところで駅に戻ってゴールです。二つの大寺社を巡り、参拝に加えハイキングまですれば全体で約2時間半、効率的でご利益満足度も高いコースといえそうです。

八十八体それぞれに様々な表情の石仏。巡拝は、特にアジサイの季節がオススメ。

首都圏日帰り
開運ハイキング

オススメ11コース

鋸山日本寺（千葉県安房郡鋸南町）

山歩きの留意事項

本書では11の軽登山コースを紹介しています。都市部からほど近く、多くのハイカーが訪れるコースばかりですが、山行に100%の安全はありません。標高があまり高くなくても、実際に登ってみると急登や岩場、クサリ場があって思うように進めなかったり、急な天候変化に見舞われたりする場合もあります。著者の友人は800メートルに満たない山の登山中にひどい疲れに見舞われ、しばらくその場から動けなくなった、という経験をしました。低山といっても油断は禁物です。一方で、11コース中には標高が1000メートルを超える本格的な登山道もありますので、以下の留意事項を確認のうえ、心して行動してください。

①単独行動は避ける

最近は「ソロ」の登山やキャンプが流行っています。しかし、高尾山のように多くのハイカーが集まるエリアであっても、ひとたびコースを外れると危険な個所がいくつもあります。1000メートルを超えるような山だとなおさらです。急な天候変化や体調不良、怪我といったリスクもあります。あたりに誰もいない場合は、不安も募ります。登山やハイキングの際は、なるべく単独行は避け、複数名で楽しく行動しましょう。

②登山届を出す

登山届は、遭難や怪我など山中でトラブルに見舞われたときに迅速な救助に役立ちます。登山届の提出は、登山を楽しむための最低限のマナーと心得ておきましょう。石割山や御岳山など、本書で紹介しているコースの中にも登山届を提出すべき山があります。登山届は、用紙に記入して現地の登山ポストに投函できるほか、「コンパス」「YAMAP」といったスマホアプリからも提出が可能です。そして、保険に入っておくとさらに安心です。最近は、1日だけのレジャー保険も各社から発売されていますので、比較的ローコストで気軽に安心を買うことができます。

③温度差を認識する

一般に、標高が100メートル上がると、気温が0・65度下がるといわれています。山の1000メートル付近では、平地より6・5度下がるわけです。また、山中は強風と突然の気候の変化がつきもの。実際の体感気温差は想像以上に大きいのです。したがって、特に1000メートルを超える山歩きの場合には、夏場であっても雨具のほかに風よけや寒さ対策のジャケットを携行しましょう。季節が春秋ならコンパクトに収納できるダウンジャケットがオススメです。

④地図を持ち歩く

携帯電話の電波は以前に比べ、つながるエリアが格段に広がりましたが、それでも山中ではつながりづらいエリアがあります。地図を持参すれば、道を確認したり、携帯電話の電波がつながらないエリアで道に迷ったときなどに助けになったりします。なお、山行の際には、携帯電話の予備バッテリーも準備しておくと安心です。また、登山地図を閲覧できたり、方位磁石（コンパス）機能があったりするアプリをスマホに事前にインストールしておきましょう。

⑤飲料と行動食

長時間登り下りを繰り返すと、大量の汗をかきます。しかし、残念ながら登山道にコンビニや自販機はありません。特に春から秋にかけては熱中症のリスクが伴いますから、飲料は多めに用意しましょう。また、行動食として、カロリーが高めでコンパクトな、チョコレートやシリアルバー、飴などもリュックの中に忍ばせておきます。万が一の場合の備えにもなります。

⑥熊と蜂に注意

昨今、国内の熊の生息数が増加しているのか、奥多摩や秩父でも熊の目撃情報が相次いでいます。熊の冬ごもりの期間は本州で12月〜4月くらい。この季節以外に登山道を歩く際には、念のため熊除けの鈴を用意しましょう。

また、山中では蜂もやっかいです。特に、夏場は危険なスズメバチの活動が活発になります。スズメバチも熊同様にどこで遭遇するか分かりませんが、飛んでいる姿を間近に見かけたら、その場から離れるのが一番です。また、黒い色を敵とみなす習性があるので、黒いウェアやリュックはなるべく避けたほうがよいでしょう。

⑦とにかく無理をしない

以上のように、登山には様々なリスクが伴います。しかし、最大のリスクは自身の判断ミスではないかと思います。道に迷った場合は、自分の勘に頼るのではなく、地図やコンパス、スマホの情報から冷静に判断します。

また、転倒して怪我をするといった場合は、往々にして疲れていることが多いのです。疲れがたまると的確な判断もできなくなります。疲れた、キツイと感じたら、無理をせず下山しましょう。少々、勇気がいることですが、それが正解です。そして体調万全で再チャレンジしましょう。山はずっと待っていてくれます。

これでも山道としては整備されているほう（石割山で）。

低山だから危険ではないという図式は当てはまらない（鎌倉アルプスで）。

鎌倉アルプス① 天園コース

鎌倉最高峰からパワーを吸い上げる！

1185年頃に成立した鎌倉幕府。以降、1333年まで日本の中枢となった鎌倉は、海と山とに囲まれた天然の要塞。その鎌倉を見下ろす最高峰が大平山です。

START
JR鎌倉駅
↓ 徒歩10分
鶴岡八幡宮
↓ 徒歩7分
円応寺
↓ 徒歩1分
建長寺三門
↓ 徒歩20分
半僧坊
↓ 徒歩5分
勝上けん展望台
↓ 徒歩50分
大平山山頂
↓ 徒歩5分
天園
↓ 徒歩40分
瑞泉寺
↓ 徒歩10分
鎌倉宮
↓ 徒歩5分
荏柄天神社
↓ 徒歩25分
JR鎌倉駅
GOAL

鎌倉といえば、歴史と文化、そして豊かな自然に触れられる屈指の観光スポットです。そんな鎌倉で人気のハイキングコースが「鎌倉アルプス」。この鎌倉アルプスには、いくつかのコースがありますが、その代表的なコースが「天園（てんえん）（大平山）コース」と「源氏山コース」の二つ。それぞれのコースに著者オススメのパワースポットを組み込んでみました。まずは鎌倉の最高峰・大平山を巡る天園コースをご案内します。

スタートはJR鎌倉駅。東口を出て大きな通りに出ると左側に鶴岡八幡宮

曜日、天候に関係なく参拝者が絶えない鶴岡八幡宮。
神奈川県鎌倉市雪ノ下2-1-31

鶴岡八幡一の鳥居は、鎌倉駅から海方向へ約10分。遠く社殿を望む。

豆知識

若宮大路

鎌倉武士の守護神として名高い鶴岡八幡宮の参道・若宮大路は、由比ガ浜から三の鳥居までの約2キロメートル。二の鳥居から三の鳥居までの参道は車道より一段高い段葛(だんかずら)で、また徐々に幅が狭くなっている。これは参拝者から宮が遠くに見えるよう工夫したため。是非確認を。

の二の鳥居が見えますから、参道に入ってまずは八幡様を目指します。およそ10分で本宮に達します。なお重要文化財の一の鳥居は由比ガ浜近くにありますので、こちらからだとプラス約20分の歩程となります。

　鎌倉殿でおなじみ鶴岡八幡宮は、源頼朝の先祖である源頼義が京都の石清水八幡宮から御分霊して康平6（1063）年に創建。御祭神は、応神天皇、比売神、神功皇后の三柱。石段の上に鎮座する荘厳な本宮は重要文化財。勝負運、仕事運、出世運のご利益で日々多くの参拝者が訪れます。手前にある左右に分かれた池は源氏池と平家池の「源平池」。源氏池にある島に鎮座する旗上弁財天社は子宝祈願で知られています。このほか、丸山稲荷社や若宮などありがたいスポットが境内には多くあります。

　参拝を済ませましたら丸山稲荷社近くの鳥居から辞して、目の前の道路を

建長寺の仏殿は、1647年に芝の増上寺から移築されたもの。
神奈川県鎌倉市山之内8

円応寺の閻魔大王座像は、運慶作と伝わる国の重要文化財。
神奈川県鎌倉市山之内1543

半僧坊では、天狗様がお出迎え。

豆知識

鎌倉仏教
平安時代末期から鎌倉時代にかけて誕生した、日本仏教の新しい宗派が鎌倉仏教。一般には、浄土宗、浄土真宗、臨済宗、曹洞宗、日蓮宗、時宗の6宗派を指す。これに対し、平安仏教（真言宗、天台宗など）と奈良仏教（法相宗、律宗など）は旧仏教とされる。

右手に進んで行きます。交通量の多い通りですが歩道は狭いので、すれ違いに注意が必要。5分程進みトンネルを越えて左側に鎮座するのが閻魔寺とも呼ばれる臨済宗・円応寺です。建長2（1250）年創建のこのお寺のご本尊は閻魔大王座像。人が亡くなった後、あの世で出会う冥界十王の中心の神様。笑っているようにも見え「笑い閻魔」とも呼ばれます。十王神が安置された本堂で、それぞれの神様のお役割を噛みしめながら参拝を。

次なる建長寺は円応寺の目の前です。建長5（1253）年創建、北条時頼が宋から招いた禅僧・蘭渓道隆が開山した臨済宗大本山で、鎌倉五山の代表格。本邦初の禅寺ともいわれます。ご本尊は地蔵菩薩像。国宝の梵鐘をはじめ三門（山門）、仏殿、法堂、唐門等々、多くの重要文化財で構成される伽藍はすばらしく、特に著者は国指定の名勝にも指定されている庭園を龍王殿（方

天園から鎌倉市街、相模湾を望む。

岩場の多いコース中にはこんな箇所も。雨の後は要注意。

岩盤を削ってつくられた岩の庭園は国の名勝に指定されている。
神奈川県鎌倉市山二階堂710

丈）からじっくり眺めるのをオススメします。なお、三門に安置される非公開の五百羅漢は日本三大五百羅漢の一つです。

実は、今回のコースの玄関口がこの建長寺なのです。建長寺の裏手の坂道と石段をずんずん上り、最奥の「勝上けん」に鎮座するのが建長寺鎮守の半僧坊。半僧坊権現とそのお供である天狗様が祀られており、火除け・招福のご利益が評判です。この社の裏手から鎌倉アルプス天園コースがスタートします。

半僧坊での参拝を済ませ、さらに山道を上ると勝上けん展望台に至ります。ここから天園方面に進みます。ハイキングコースは舗装こそされていませんが、ところどころに標識も整備され道もきちんとついていますから迷うことはないでしょう。

道なりに進むと、むき出しの岩肌にひっそり佇む石仏や祠を多く目にします。また、風化してオーバーハングした地層など、様々な自然の造形に感動すら覚えます。歩き進むこと約50分で到達するのが大平山山頂です。海抜159・4メートル、鎌倉の最高峰です。そしてこの先を少し進むと天園の広場

交差するのはビャクシンの木。境内の御神木は樹齢900年の大銀杏。

神奈川県鎌倉市山二階堂74

鎌倉宮といえば、獅子頭守。厄を食い、幸福を招くと信じられている。
神奈川県鎌倉市二階堂154

となり、ここから見下ろす山と町並みと海が織りなす鎌倉の光景は、訪れた人だけの特権です。南側の海と、低山とはいえ岩がゴツゴツした山に囲まれた鎌倉は、まさに天然の要塞。風水における四神相応の考えにも合致し、頼朝が幕府を置いた理由が見て取れます。天園にはトイレもあり、お昼休みには適当な場所です。ただし、トンビが上空からハイカーの食べ物を狙っていますからご注意を。

天園を出発し、40分ほど山道を下ってゆくと天園ハイキングコースの出入口に達します。次の目的地の瑞泉寺は目と鼻の先です。瑞泉寺は、嘉暦2（1327）年建立の臨済宗の寺院です。山号を錦屏山（きんぺいざん）ですが、これはこのお寺を囲む山々の紅葉の美しさから名づけられたそうで、苔むした石畳、四季を問わず楽しめる境内の花々、そして禅の思想が反映された岩の庭園は訪れる価値があります。

開運コラム

明治天皇が創建

鎌倉宮を創建したのは、明治天皇。社号も自ら定めている。全国でもあまり例のない紅白に塗り分けられた鳥居だが、この配色になったのは昭和になってから。その意味は定かでないが、この鳥居をくぐれば、より純心な気持ちで参拝できそうだ。

参拝を済ませたら、参道を鎌倉市内方面に10分ほど進みます。すると右手に朱の笠木に白の柱が特徴的な鳥居が見えてきます。鎌倉宮です。創建は明治2（1869）年、御祭神は、鎌倉時代の武将で後醍醐天皇の皇子、護良（もりよし）親王（しんのう）。こちらには護良親王の身代わりとなって亡くなった村上彦四郎義光の故事にちなんだ「撫で身代わり様」「身代わり人形」があり、多くの参拝者がご利益を授かっています。また、息を吹きかけて岩に投げつけて割ることで、厄難除けを祈願する厄割り石も知られています。

一礼して辞した後、鳥居前の道を100メートルほど進み、右に折れると荏柄天神社の参道が見えてきます。2本の木が支え合うように門を形成しており、その奥に鳥居。珍しい景色です。創建は、長治元（1104）年。本殿は鎌倉に残る最古の木造建築で、国の重要文化財。菅原道真公をお祀りしており、鎌倉っ子の合格祈願といえばここです。かつて日本三大天神に数えられていたそうで、そのご利益はいまだに大きいと評判。授与いただくお守りも受験関係が中心です。

参道を出て右手に25分ほど進めば、ゴールの鎌倉駅です。この間、カフェやお食事処も多くありますので、小腹を満たすにはいいでしょう。

参拝時間も入れて約4〜5時間で鎌倉の歴史と大自然を堪能でき、そしてありがたいご利益とグルメもいただけるこのコースは、著者も大好きで度々訪れますが、山道は岩場が多く、雨の日やその翌日は滑るので避けたほうが無難です。また、低山とはいえ、急登やロープを使って上り下りする箇所がありますから、トレッキングシューズは必携です。決してパンプスなどで出かけないようご注意ください。

鎌倉アルプス② 源氏山コース

四季折々の鎌倉の魅力をギュッと凝縮！

鎌倉駅と北鎌倉駅の中間に位置する源氏山の標高は93メートル。公園として整備された憩いの場所。そしてその周辺にも鎌倉を代表するスポットが多くあります。

鎌倉アルプスの第2弾は、北鎌倉から相模湾方面へ向かう源氏山コースです。天園コースに比べると上り下りが少なく歩きやすいのですが、とはいえ山道、くれぐれもトレッキングシューズでどうぞ。

スタートはJR北鎌倉駅。まずは駅東口を出て鎌倉駅方面に1分の臨済宗円覚寺派大本山の円覚寺へ。弘安5（1

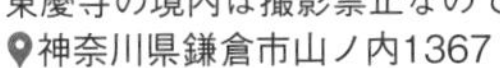
東慶寺の境内は撮影禁止なのでご注意を。
📍神奈川県鎌倉市山ノ内1367

円覚寺の三解脱門（三門）。十六羅漢や十二神将などが楼上に安置される。
📍神奈川県鎌倉市山ノ内409

鎌倉五山

禅宗の一つ、臨済宗を代表する鎌倉にある寺院。大本山の建長寺、同じく大本山の円覚寺、寿福寺、浄智寺、浄妙寺の5寺院。室町時代に定められた。最近は、この五山を巡るウォーキングも人気。南禅寺をはじめ、京都には京都五山が定められている。

浄智寺山門前の「甘露の井」は、不老不死の功徳があると伝わる霊泉。
📍神奈川県鎌倉市山ノ内1402

282）年開山、鎌倉を代表する寺院の一つです。境内は奥深く広く、見どころ満載。六国見山の緑を背景にした舎利殿（国宝）や三門、仏殿などを巡れば、時間が経つのを忘れるほど。結局、著者は2時間近くを静寂な伽藍群の中で過ごしました。

　江の島の弁天様ともつながる弁天堂などへも参拝を済ませ、総門を出て目の前の線路を越えれば白鷺池（びゃくろち）。この池も円覚寺の境内の一部。その先を左折して約3分、右側に臨済宗東慶寺。弘安8（1285）年開山、縁切り寺として知られる元尼寺です。石段を上り山門を抜けると、中は手入れされた草木が美しい境内、そして質素ではあるものの清廉な本堂などが建っています。

　参拝を済ませ、さらに鎌倉方面に約3分歩いて右手、浄智寺に到着。弘安4（1281）年創建の臨済宗の古刹です。国の史跡でもある境内は広く、

この隧道を抜けると銭洗弁財天が鎮座。
神奈川県鎌倉市佐助2-25-16

葛原岡神社

縁結びの神徳で知られる葛原岡神社の縁結び石。
神奈川県鎌倉市梶原5-9-1

佐助稲荷神社の境内には無数のお狐様が奉納されている。
神奈川県鎌倉市佐助2-22-12

ハイキングコースには案内標識が設置され、迷うことはない。

日野俊基

鎌倉後期、公家だった日野俊基は、抜擢されて後醍醐天皇の側近となり、当時悪政と評判が悪かった討幕に動くも、捕らえられ1332年、葛原岡の地で処刑された。その後、楠木正成らの活躍で鎌倉幕府は倒れたが、明治以降になり日野の討幕功労者としての評価が高まった。現在では、その先見性から開運を導く神と仰がれている。

後方の天柱峰にまで至ります。特に紅葉の季節は見ごたえありです。

浄智寺山門横から葛原岡（くずはらおか）ハイキングコースへの道が延びており、最初は舗装路ですが、徐々に山道となります。所々に案内版があるので、迷う心配はありません。歩くこと約25分、葛原岡神社に至ります。明治20（1887）年創建、御祭神は鎌倉末期、後醍醐天皇に仕えた日野俊基（ひのとしもと）。縁結びで知られる神社です。神社周辺やその先の源氏山公園は、テーブルが多く設置されトイレもありますから、ランチ休憩にはもってこい。

一休みしたら、いったん、ハイキングコースを外れて源氏山を下り、銭洗弁財天宇賀福神社と佐助稲荷神社に向かいます。かなり急な坂を下りますから要注意。銭洗弁財天は葛原岡神社から約10分の距離。源頼朝により文治元（1185）年に創建されたと伝わり、金運の神・市杵島姫命（いちきしまひめのみこと）を祀っています。

長谷寺の良縁地蔵は人気スポット。
神奈川県鎌倉市長谷3-11-2

やはり鎌倉のシンボルは外せない。
諸国安寧を願う神様。
神奈川県鎌倉市長谷4-2-28

洞窟奥の霊泉は財運をもたらす銭洗いで知られています。

ここから次の佐助稲荷神社までは約10分。参道に連なる鳥居と数多くの白狐が出迎えてくれるこちらの神社は、頼朝が建久年間（1190‐1199）に創建したと伝わり、「出世稲荷」として信仰されています。出世運をいただきましたら源氏山公園まで戻り、大仏ハイキングコースへ入ります。なお、現在（2023年6月）、佐助稲荷神社の裏山からの大仏ハイキングコースは改修工事で閉鎖のため通行止めです。

源氏山公園からは「長谷駅・高徳院（大仏）」の目印に沿って進みます。最初は道も整備され歩きやすいのですが、後半は両側が草木に覆われた山道。そのまま進むこと約40分でハイキングコースの出入口に到達。ここから次の目的地、鎌倉大仏殿高徳院までは道なりに下って約5分。

高徳院は天平年間の開山と伝わる浄土宗の寺院で、安置される国宝の銅造阿弥陀如来座像、いわゆる鎌倉大仏は鎌倉のシンボル。造られ始めたのは建長4（1252）年ですから、御年770歳⁉　50円で胎内拝観もできますので、是非胎内からご神徳をいただきましょう。

拝観を終えたら、仁王門から辞して海方向に道なりに歩き、長谷観音前交

勝負運、学業成就のご神徳で知られる御霊神社。
📍神奈川県鎌倉市坂ノ下4-9

成就院山門から由比ガ浜を遠望。何度でも来たくなる絶景。
📍神奈川県鎌倉市極楽寺1-1-5

レトロな雰囲気が懐かしい極楽寺駅。

差点を右折し進むと長谷寺に達します。浄土宗系単位寺院長谷寺は、天平8（736）年創建で、本尊・十一面観世音菩薩像から「長谷観音」とも呼ばれ、縁結びのご利益で崇敬されています。また、「花の寺」としても有名で、殊にアジサイの季節には整理券が配布されるほどです。

　長谷寺を辞し、長谷観音前交差点を右折、さらにその先を右折し徒歩7分ほど歩くと閑静な住宅地の中にひっそりと立つ鳥居が目に入ります。御霊神（ごりょう）社です。平安後期の創建と伝わり、当時鎌倉武士団を率いた武将・鎌倉権五郎景政を御祭神として祀っています。

　参拝を終え、江ノ島電鉄踏切側の鳥居から辞し、直進し突き当たりを右折。極楽寺切通の途中左手に真言宗の成就院。承久元（1219）年創建でかつて「あじさい寺」として知られていましたが、参道工事によりアジサイはその株数を減らしました。それでも由比ガ浜や鎌倉の町並みを一望できるその眺望は必見。恋愛成就のご利益目当てかカップルの姿を多く感じます。

　再び切通に戻り、左手に6分ほど歩けばゴールの江ノ電極楽寺駅。こちらの駅舎は、なぜだか懐かしい感じがします。それは1976年放送開始の「俺たちの朝」（日本テレビ系）など、数々のテレビ番組や映画のロケ地となったからでしょうか。周辺にはおしゃれなカフェもちらほら。もう少し周辺を散策して帰路についてもよいでしょう。

三位一体の関東総鎮守〜箱根三社巡り

箱根三社を巡拝する定番コースは、世界的なガイドブックにも掲載されているせいか、多くの外国人客も訪れる人気パワースポット。箱根は直通電車こそ通じていませんが、バスの便が非常に良いエリアです。

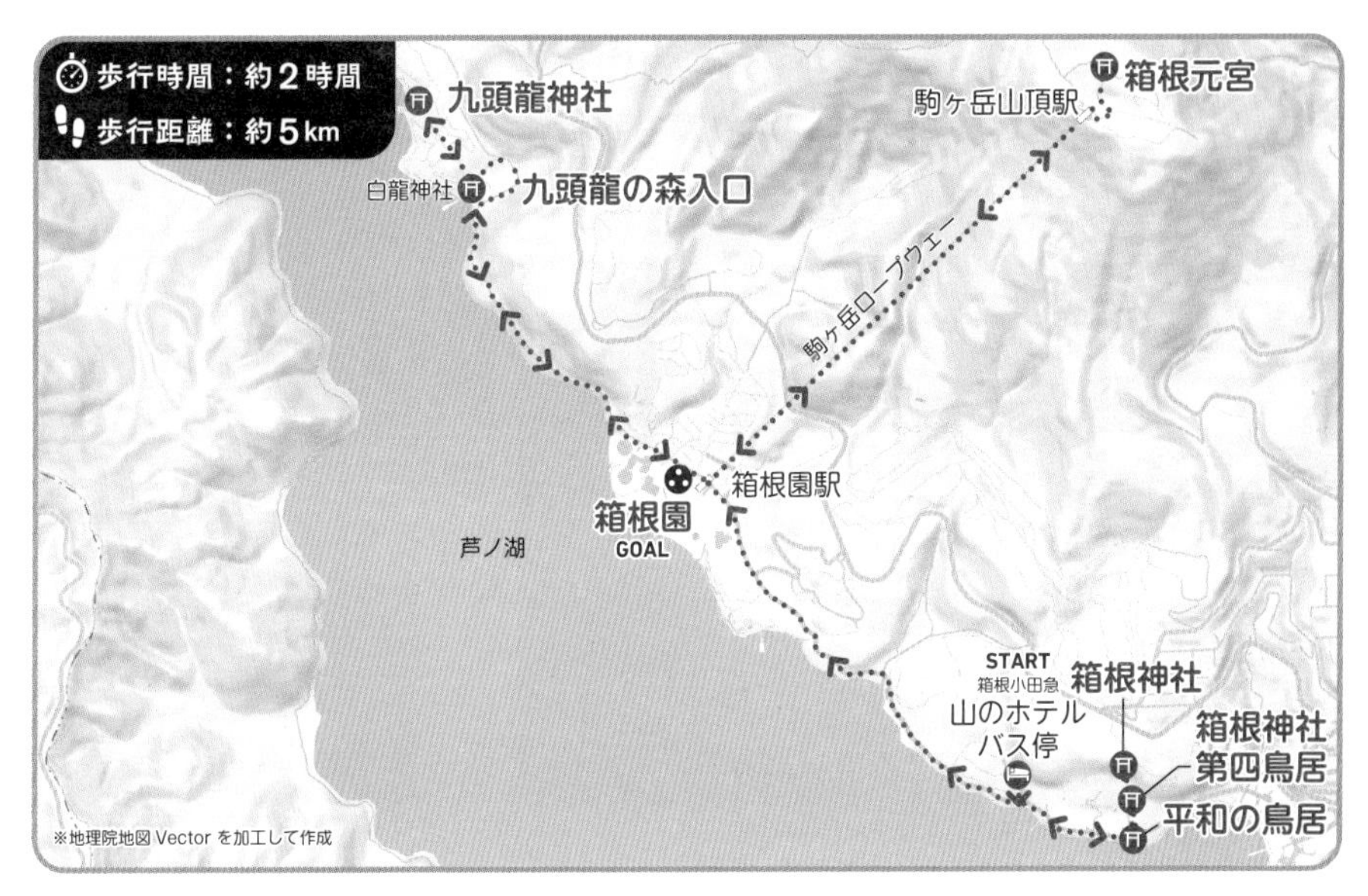

著名なかずたま占術家・観月明希先生のところに訪れる方の相談事は、良縁や子宝に関する悩みが多いそうです。そんな時、先生は「芦ノ湖の龍神様にお願いしましたか?」と、よく聞かれます。そう、プロ中のプロが認めるほど、この分野でのご神徳が大きいのが箱根神社なのです。ちなみに、箱根神社の後の「仕上げ」として白山比咩神社（石川県）への参拝もお勧めになります。関東からではこのコンビが最強なのだと思います。

さて、スタートの箱根神社に向かいます。バスタ新宿発の小田急の高速バ

START

- 箱根小田急山のホテルバス停
- ↓ 徒歩5分
- 箱根神社第四鳥居
- ↓ 徒歩3分
- 本殿
- ↓ 徒歩5分
- 平和の鳥居
- ↓ 徒歩30分
- 箱根園
- ↓ ロープウェー7分
- 山頂駅
- ↓ 徒歩8分
- 箱根元宮
- ↓ 徒歩8分
- 山頂駅
- ↓ ロープウェー7分
- 箱根園
- ↓ 徒歩20分
- 箱根九頭龍の森入口
- ↓ 徒歩6分
- 九頭龍神社
- ↓ 徒歩6分
- 箱根九頭龍の森入口
- ↓ 徒歩20分
- 箱根園

GOAL

荘厳な佇まいの箱根神社本殿。
神奈川県足柄下郡箱根町元箱根80－1

瀟洒なホテル前のバス停がスタート地点。

第四鳥居の右手に手水舎。

安産杉

九頭龍神社新宮

第一鳥居

スに揺られること約2時間半、終着の「箱根小田急山のホテル」で下車します。バス停から箱根神社までは徒歩4～5分。ホテルとほぼ隣接していますから迷うことはありません。ただし、一番近い鳥居は第四鳥居となります。箱根駅伝でもおなじみの第一鳥居は元箱根にあり、徒歩で12～13分戻る必要があります。

箱根神社は757年創建。関東総鎮守箱根大権現として長く崇敬を集めた古社で、瓊瓊杵尊（ににぎのみこと）、木花咲耶姫命（このはなさくやひめのみこと）、彦火火出見尊（ひこほほでみのみこと）の三柱を箱根大神としてお祀りしています。源頼朝が伊豆山神社とセットで二所詣に訪れたことから、その後の名だたる武将もそれに倣い、篤く信仰されてきました。開運厄除、心願成就、縁結びなどのご利益で知られます。

石段を登り第四鳥居の手前に、その昔、坂上田村麻呂が武運長久を祈願したという「矢立のスギ」。古杉に囲ま

ロープウェーの駅は箱根園に隣接。

人気の平和の鳥居は、平日でも撮影は順番待ち。

れた清浄な参道をさらに進み、第五鳥居の先には荘厳な権現造りの本殿。その遠く奥には奥宮が鎮座する駒ヶ岳。本殿右手には九頭龍神社新宮。手前の龍神水で清めてから参拝します。新宮を出て左手には御神木の安産杉。子授け・安産をお祈りする方が絶えません。第四鳥居から辞してそのまま芦ノ湖のほうに下って行くと、箱根一の〝映えスポット〟として知られる、芦ノ湖水上にそびえる平和の鳥居。記念撮影はいつも順番待ちです。

　次に向かうのは駒ヶ岳山頂の元宮。箱根神社から箱根園の駒ヶ岳ロープウェーの駅を目指しますが、徒歩で約30分、路線バスですと10分弱です。ロープウェーは20分間隔で運転されています。山頂までは７分。この間、天気がいいと芦ノ湖の一大パノラマを堪能できます。山頂駅から徒歩８分ほどで元宮に至ります。

　元宮は、およそ２４００年前に開かれた霊峰・神山をご神体とする山岳信仰の地。霊山としてかつては多くの修験者が修行していたと聞きます。残念ながら著者が伺った際は雨で周辺が靄に包まれていましたが、標高１３５６メートルの山頂からは、富士山から南アルプス、遠く東京まで見渡せるはずです。

　箱根園に戻り、遊歩道「神山通り」を20分ほど進むと九頭龍神社が鎮座する「九頭龍の森」に至ります。一本道なので迷うことはないでしょう。入場料は６００円。入場してすぐ左手に白い社と鳥居の白龍神社。白龍大神を祀る金運アップの神様です。参拝を済ませたら芦ノ湖湖畔の木々に囲まれた遊歩道を進み６分ほどで九頭龍神社に達します。

九頭龍の森入口。管理事務所で入場料を支払って入場。
📍神奈川県足柄下郡箱根町防ケ沢

駒ヶ岳山頂の元宮。
📍神奈川県足柄下郡箱根町元箱根 駒ヶ岳山頂

幻想的な九頭龍神社の水上鳥居。
📍神奈川県足柄下郡箱根町防ケ沢(箱根九頭龍の森内)

駒ヶ岳雲海

御祭神は、九頭龍大神。縁結びのご利益が知れ渡っていますが、毎月13日に行われる月次祭には、特に多くの参拝者が訪れます。湖畔に弁財天も鎮座していますから併せて参拝します。木々の間から覗く湖畔には朱の鳥居が佇んでおり、隠れた映えスポットです。

帰路は来た道をそのままゴールの箱根園まで戻ります。路線バスはここが上りの始発で、一部の高速バスの経路でもあります。なお、小田原駅までは路線バスで1時間強。箱根園には食事処やお土産を扱う店があり一息入れるには適当ですが、元箱根まで戻ると、おしゃれなカフェやスイーツを扱う店などの選択肢が増えますので、その時の状況から判断を。

三社合わせて一体感のある箱根神社。三社巡拝してこそ一層ご利益も大きく感じられます。順番に決まりはないようですから、箱根・芦ノ湖観光を兼ねて計画してみましょう。

気軽に霊山を体感する〜高尾山

高尾山での登山経験をきっかけに、登山やハイキングにハマっている方は案外多いのではないでしょうか。都心から近く、コースに富み、周辺の山々への縦走の起点ともなる高尾山は非常に魅力的な名山です。

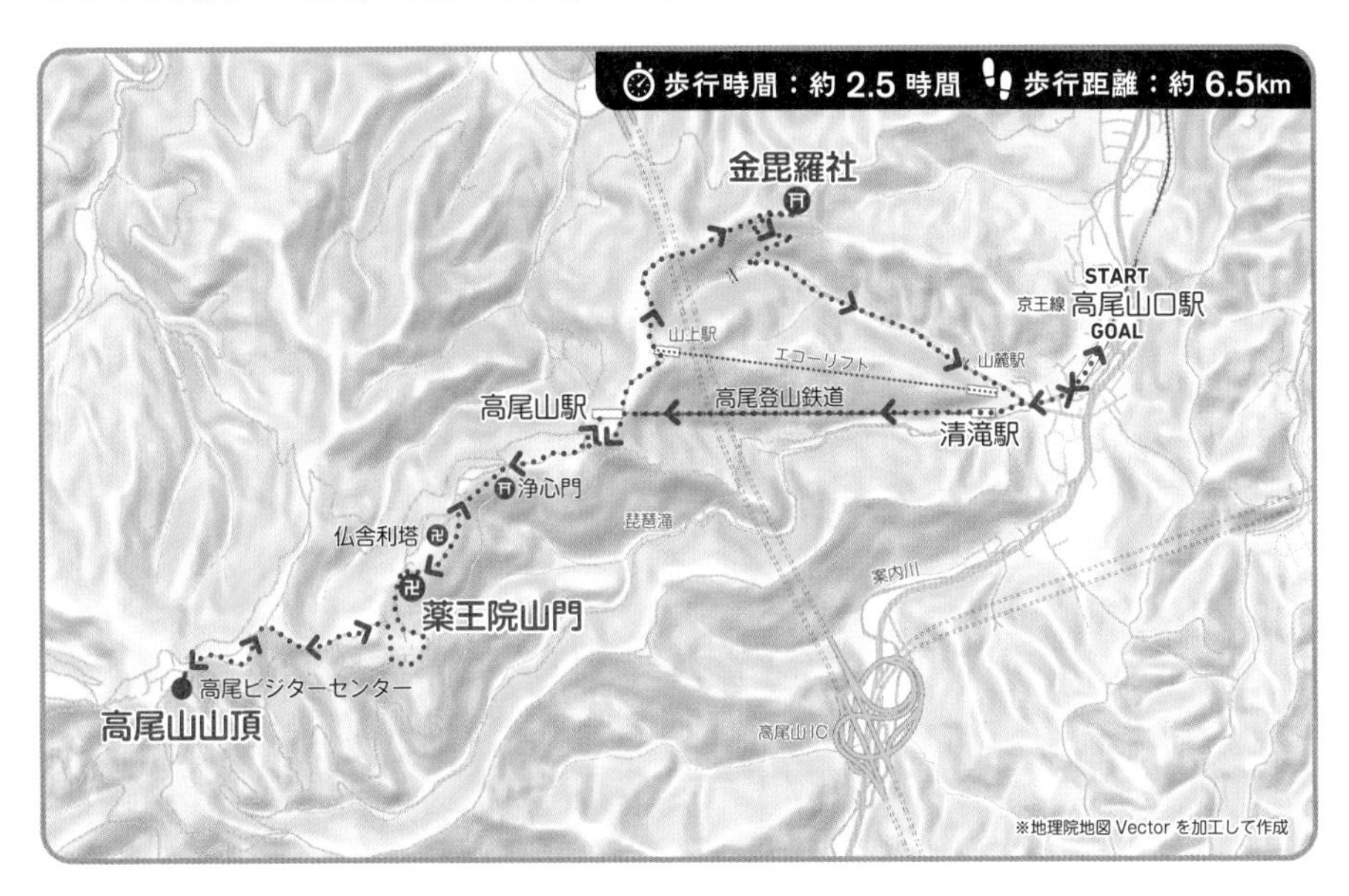

START	京王線高尾山口駅
	↓ 徒歩5分
	清滝駅
	↓ ケーブルカー6分
	高尾山駅
	↓ 徒歩25分
	薬王院山門
	↓ 徒歩20分
	高尾山山頂
	↓ 徒歩90分
GOAL	京王線高尾山口駅

密教と日本古来の山岳信仰が結びついて成立した修験道。修験道を修める修験者が修行を行う場である霊山は全国各地にありますが、その中で最も多くの人が訪れているのが標高５９９メートルの東京八王子の高尾山です。動植物の宝庫であり、都心から電車で１時間程度と近く、なおかつ登山道の整備も行き届いているので、小学校の遠足から週末のハイキングまで、ぶらりと気軽に行ける良さがあります。近年、海外の有名ガイドブックでも高く評価された結果、外国から訪れる方も増加し、週末ともなれば山頂が人で埋め尽

最急勾配は31度18分で、ケーブルカーとしては日本一。

清滝駅

高尾山口駅周辺には、山用品を扱う店やおしゃれなカフェも。

浄心門は、両部鳥居の形状。神仏習合の名残という。

くされるほどです。

　この高尾山の山頂手前、深い緑に囲まれて鎮座するのが、天平16（744）年創建の真言宗のお寺、薬王院有喜寺です。御本尊は、飯縄大権現（いづなだいごんげん）。大天狗とも称されることから、境内のあちらこちらに天狗を見かけます。なお、この山内は現在もなお修験場で、希望をすれば一般の方でも水行などの体験が可能ですから、興味のある方は是非どうぞ。

　それでは天狗様のご利益を授かりに参りましょう。スタートは、京王線高尾山口駅。木をふんだんに使用した駅舎はモダンでロッカーやコンビニも併設され、さらには温泉施設もありますから、下山時にひと風呂も一計です。駅から表参道の入口までは約5分。高尾山にはいくつもの登山ルートがありますが、1号路と呼ばれる表参道は、歩きやすく整備されています。徒歩ですと山頂まで3・8キロ、健脚の持ち主でも90分の歩程。体力を温存したい方は、ケーブルカーもしくはリフトでショートカットがよいでしょう。

　ケーブルカーの高尾登山電鉄清滝駅から高尾山駅まで昇ると、カフェや展望台。そこからしばらく登ってゆくと、左手に樹齢450年以上と伝わるたこ杉があります。その隣に蛸杉にちなんだ「開運ひっぱりだこ」。開運を祈願し〝なでなで〟してから進みます。しばらくすると木製の浄心門が見えてき

御本社への階段の先には鳥居。これも神仏習合の名残といえそうだ。
東京都八王子市高尾町2177

男坂・女坂
左の男坂は煩悩の数と同じ108段の石段。

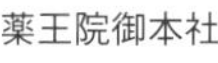
薬王院御本社

薬王院本堂

苦抜け門　愛眼千手千眼観音

ます。ここから先が〝聖域〟です。門を入って左手に、修験道の始祖・役行者（えんのぎょうじゃ）を祀る神変堂。足腰の病に霊験あらたかです。

さらに進むと分かれ道。左は石段の男坂。右は緩やかな女坂。煩悩の塊である著者は迷わず１０８段の苦行です。

上り切ると右手に見えるのが仏舎利塔へと続く「三密の道」、その入口が「苦抜け門」です。この門をくぐってさらに上に向かうと同様の門があり、この間を通り抜けることで苦難から解放されるとのこと。その先に、眼病平癒の愛眼千手千眼観音。ちなみにこの仏舎利塔付近は、女坂から行くと男坂との合流点から少し戻ることになりますから注意を。

さらに進むと山門が現れます。この門の足元には持国天、多聞天、増長天、広目天の四天王が、それぞれの役割をもって鎮座しています。また、天狗様

天候が良ければ都心部まで見渡せる山頂。三角点もある。

金毘羅社からJR高尾駅までは、40分ほど。

もいらっしゃいますから探してみてください。その先右手に八大龍王が鎮座しています。ここで銭洗いすると金運アップです。

お守り授与所とトイレ付近を通過して右手階段上が仁王門、そして本堂です。本堂右手には、良縁成就の仏様・愛染明王が鎮座。その奥が大師堂です。仁王門には、厄除けの「小天狗」、開運の「大天狗」がいらっしゃいます。

本堂左手の石段を上ると御本社。その荘厳さには圧倒されます。ここで人に備わった感覚を清め研ぎ澄ませるという「六根清浄」を願います。御本社の後方に、商売繁盛の福徳稲荷社。さらに石段を上り、不動明王を祀る奥之院不動堂。

参拝を済ませたら、さらに登って高尾山山頂を目指しましょう。概ね20分ほどで到着します。標高５９９メートルの山頂は広く、晴れていれば遠く東京湾も望めます。観光施設や食事処もあって登山の疲れを癒やすには好適です。体を休めましたら、高尾山口駅に向け戻ります。もし元気であれば、他のコースを辿って下山してもいいでしょう。この場合、岩場や急坂もありますから、トレッキングシューズの着用が望まれます。なお、1号路をそのまま下ってゆくと、途中に金毘羅社に分岐する道があり、その先の山道を下って行くとＪＲ高尾駅近くに抜けられます。

ゴールの高尾山口駅まで戻って7キロ弱、参拝を入れて3時間ちょっとの歩程。おそらく心身ともにリフレッシュしたことを実感できるはずです。ぜひ、高尾山ハイクで神々のお力を授かるとともに、大自然の浄化力に包まれ癒やされましょう。そしてさらには、低山登山の魅力を感じてください。

日本百名山！
～筑波山とその信仰に触れる

八溝山地の南端に位置する筑波山は、「西の富士、東の筑波」と称される名山。独立峰にも見える山容は美しく、魅力あふれるパワースポットです。

START
- つくばエクスプレス つくば駅
- ↓ バス40分
- 筑波山神社入口バス停
- ↓ 徒歩15分
- 筑波山神社
- ↓ 徒歩10分
- 宮脇駅
- ↓ ケーブルカー8分
- 筑波山頂駅
- ↓ 徒歩15分
- 男体山山頂
- ↓ 徒歩30分
- 女体山山頂
- ↓ 徒歩50分
- 弁慶茶屋跡
- ↓ 徒歩35分
- つつじヶ丘バス停
- ↓ バス50分
- つくばエクスプレス つくば駅

GOAL

文筆家で登山家の深田久弥が著し1964年に刊行された『日本百名山』（新潮社）は、山に関する随筆の最高峰。ここで選定された山々は、多くの登山者を惹きつける名山ばかり。著者の友人にも、この久弥版の百名山を生涯かけて全踏破しようと頑張っている人がいます。筑波山は、本書で紹介しているコースで唯一の日本百名山。是非、訪れていただき、なぜこの山が選考されたのかを考えつつ、その魅力に触れていただきたいと思います。

今回のスタートは首都圏新都市鉄道つくばエクスプレスのつくば駅。浅草

筑波山神社

筑波山神社のシンボル、大鳥居の高さは約17メートル。遠くからでもよく見える。
📍茨城県つくば市筑波1

観光案内所では筑波山登山の情報も確認できる。

随神門

大御堂は、開山から1200年以上と伝わる真言宗の古刹。
📍茨城県つくば市筑波748

拝殿

から快速に乗車し約40分です。駅から、筑波山シャトルバスに乗り、目指す筑波山神社入口バス停へは約40分。バス停目の前には新しく綺麗な筑波山観光案内所があり、ここでトイレ休憩がオススメ。

案内所に向かって右隣にある鮮やかな朱色の大鳥居に一礼してくぐり、進むこと約15分で筑波山神社に到着。県指定文化財の御神橋横を進み、豪壮な随神門を通り抜けると拝殿。2000年以上遡ると伝わる創建以前から、筑波山は周辺に暮らす人々の信仰の対象であったそうです。御祭神は、筑波男大神（伊弉諾尊）、筑波女大神（伊弉冉尊）の二柱で、それぞれ筑波山の双耳を成す男体山と女体山に祀られています。拝殿がある場所から筑波山上部全体が境内です。縁結び、子授けのご神徳で知られています。

お参りを済ませ、神社に向かって左側に進むと筑波山ケーブルカー宮脇駅

男体山山頂からの眺め。

御幸ヶ原コース入口

筑波山頂駅

女体山本殿

男体山本殿

女体山本殿裏手の天浮橋はパワースポットとして人気。

があります。途中、かつて筑波山神社と習合されていた寺院、大御堂に立ち寄ってもいいでしょう。ケーブルカーは20分に1本間隔。乗車約8分で展望台やレストランがある筑波山頂駅に到着します。駅周辺は標高約800メートルなのですが、著者が伺った日は雨だったので視界はほぼゼロ。しかし、天気が良いと東京スカイツリーや富士山、那須連峰まで見渡せる絶景とのことです。

　ケーブルカーの駅を背にして、左側が男体山、右側が女体山。まずは標高871メートルの男体山山頂を目指します。最初は整備された階段、すぐにかなり急な山道となりますが、15分程度で山頂到着。鎮座する本殿でお参りして同じ道を山頂駅まで戻り、今度は標高877メートルの女体山に向かいます。途中、せきれい石や「せきれい茶屋」の錨などの見どころを通り、男体山山頂から約30分で到着。こちらも晴天だと風光明媚だと聞きます。本殿にお参りして帰路につきます。帰りは歩きます。

　女体山山頂からの下りは、すぐに岩ばかりの急な山道になります。10分ほど進むと屛風岩と筑波山神社の摂社、素盞嗚尊をお祀りする安座常（あざとこ）神社。その先もまた岩ばかりの下り坂が続きます。その間、山道脇には北斗岩など奇岩・怪石が続きます。さらに30分ほど

つつじヶ丘駅

つつじヶ丘駅からシャトルバスの始発が出る。レストハウスもあり休憩にもよい。

修験行の場の一つであった「母の胎内くぐり」は、岩を抜けることで罪穢れのない清い心身を得られるという。

下ると「母の胎内くぐり」。その先には、人一人がやっと通れる幅の岩に挟まれた道があり、そこを登ると高天ヶ原と稲村神社。さらに下って約3分、かの弁慶も通行を七度躊躇したという「弁慶七戻り」。そこを通り抜けると、弁慶茶屋跡に達します。山頂からここまでで約50分。

ここでコースが分岐。著者はつつじヶ丘方面の「おたつ石コース」を選択。

高天ヶ原

おたつ石コース入口

もう一方は、急坂をさらに下って筑波山神社まで戻るコース。ここからは道も整備され、緩やかになります。約35分で筑波山ロープウェーのつつじヶ丘駅に到着。

ここから筑波山シャトルバスに乗車し、つくば駅に戻ります。乗車約50分。実は、筑波山は人気があるので、帰路が筑波山神社入口のバス停からだとかなり混雑するのですが、始発のつつじヶ丘バス停ならそのような心配もないので、ここから乗るのがオススメ。

今回は、パワースポットでもある奇岩群を巡る目的でこのコースで戻りましたが、山歩きに自信がない方は女体山山頂からロープウェーや、御幸ヶ原まで戻ってケーブルカーで帰ることをオススメします。もちろん、自信のある方は、往路も自力で！　そのほうが百名山の価値をより深く感じていただけるでしょう。ちなみに、筑波山は日本百名山の中で最も標高が低い山です。

修練の日本百低山・鋸山日本寺

達磨大師は9年にわたり坐禅を続けたと伝わります。坐禅は禅宗の大切な修行の一つ。日本の主な禅宗は臨済宗、曹洞宗、黄檗宗ですが、曹洞宗の鋸山日本寺は、まさに修行の寺と感じました。

- START JR浜金谷駅
- ↓ 徒歩10分
- 鋸山ロープウェー山麓駅
- ↓ ロープウェー4分
- 鋸山ロープウェー山頂駅
- ↓ 徒歩3分
- 日本寺西口管理所
- ↓ 山内巡拝約2時間
- 西口管理所
- ↓ 徒歩3分
- 鋸山ロープウェー山頂駅
- ↓ ロープウェー4分
- 鋸山ロープウェー山麓駅
- ↓ 徒歩10分
- GOAL JR浜金谷駅

東京から電車で約2時間、横須賀からはフェリーで約40分。富津市と鋸南町の堺にある鋸山は、標高329・5メートル、かつて栄えた房州石（金谷石）の切り出しによるノコギリのような岩肌が異彩を放ちます。『日本百低山』（小林康彦著・文藝春秋）にも列せられます。

この山の中腹に鎮座するのが、日本一大きい大仏や「地獄のぞき」で知られる乾坤山日本寺。神亀2（725）年開山、約1300年の歴史を誇る曹洞宗のお寺です。かつて慈覚大師や弘法大師なども訪れて修行したという古

山頂から

鋸山ロープウェーは、15分間隔の運転。往復大人1200円。
📍千葉県富津市金谷4052-1

刹は、最近では外国人観光客も多く訪れるエリア屈指の観光スポットです。この日本寺、観光気分で気軽に参詣してはいけません。おおよそ山内に平坦なところはなく、見どころをすべて巡ろうとすると、約2時間の石段の上り下りが待ち構えているのです。しかし、そんな苦行の先にあるのが数多の神々のご高徳なのです。

スタートは、鉄道だとＪＲ浜金谷駅、フェリーだと金谷港。まずは苦行に備え、この周辺にいくつかある食堂やカフェで、名物のアジフライをいただくのが著者のオススメです。食事を済ませたら、鋸山ロープウェーの山麓駅を目指します。国道１２７号を南下し、左手方向に少し横道を入った場所にありますが、案内看板が出ていますから迷うことはないでしょう。浜金谷駅から直接行けば10分程。ロープウェーに乗車し約4分で鋸山山頂駅です。

なお、徒歩で鋸山を目指す場合は、浜金谷駅から車力道・石切場跡を上り下りする、比較的傾斜のきついコースがあります。また、隣のＪＲ保田駅から表参道を経由して日本寺に向かうルートもありますが、この場合、40～50分ほどの歩程となります。

山頂駅から西口管理所で拝観料（大人７００円）を納め、いよいよ山内に足を踏み入れます。入口から左手にある階段を約１６０段上ると十州一覧台。天気がいいと遠く三浦半島、伊豆半島、富士山まで見渡せる広場には浅間神社が祀られています。入口付近に戻り、北口管理所近くの百尺観音に参ります。交通安全のご利益があります。

さらに上ってゆくと山頂の瑠璃光展望台に達します。この先に「地獄のぞき」があります。崖から突き出た岩の突端に足を進め１００メートル下を覗けば、罪深い自分を反省させられる思いです。この地獄のぞきは、最大の見どころとあって、休日だと順番待ちに

石切場跡に6年の歳月をかけて彫られた、高さ百尺＝約30メートルの百尺観音。
千葉県安房郡鋸南町鋸山

地獄のぞきでは同行者がいれば、二手に分かれて、地獄を覗いている写真を撮ることができる。

千葉県指定の名勝にも指定されている「鋸山と羅漢石像群」。

なることもあります。

展望台から下って行くと、西国観音、百躰観音、日牌堂など、山内中腹のいたるところに非常に多くの石仏が安置されています。名工と呼ばれた大野甚五郎英令が安永9（1780）年から21年もの歳月をかけ彫った1553体もの石仏群「千五百羅漢道」です。様々な表情の苔むした石仏をじっくり見て回れば、確実に心癒やされることでしょう。

石仏群を後にして大仏前参道を経由して大仏広場へ。日本寺大仏「薬師瑠璃光如来」は高さが約31メートルで、奈良東大寺の大仏より10メートル以上大きい日本最大の大仏です。万世太平・世界平和の象徴です。その横には、願い事が叶うと評判の「お願い地蔵尊」が安置されています。無数の小さなお地蔵さまが奉納されています。このお地蔵さまは広場の授与所で授けてください。

弘法井

修行に訪れた弘法大師自ら彫り上げたという本尊の秘仏、大国尊天を祀る大黒堂。

日本寺大仏を彫り上げたのは、大野甚五郎英令。その後、昭和になって補修復元された。

山内の通行路は、石段と山道がほとんど。履きなれた歩きやすい靴で。

大仏広場から少し階段を下ると開運厄除、商売繁盛のご利益がある大黒尊天を祀る大黒堂。その隣にご本尊、薬師瑠璃光如来を祀る薬師本殿（醫王殿）。その横に出世運の乾坤稲荷。さらに進み階段を下ってゆくと観音堂、仁王門があります。仁王門をくぐって少し進むと弘法大師空海が手で掘ったとされ、1000年以上枯れることのない「弘法井」。この先はJR保田駅方面への表参道ですが、ここで引き返し入場した西口管理所まで石段を上って行きます。この間、不動滝などの見どころもありますから立ち寄ってみましょう。西口管理所を出たらロープウエーを経由しスタート地点へと戻ります。

入場して概ね2・5時間ほどの山内滞在となりますが、その頃には太ももがパンパンになっているかもしれません。それでも達成感の感じられる山であることは間違いなしです。

秩父の人気パワースポットを駆け足巡拝～宝登山から秩父市内へ

多くの神々が行き交うパワー溢れる秩父の山々。今回は、そんな秩父を、ロープウェーと鉄道を活用して縦断開運ツアーに出かけます。

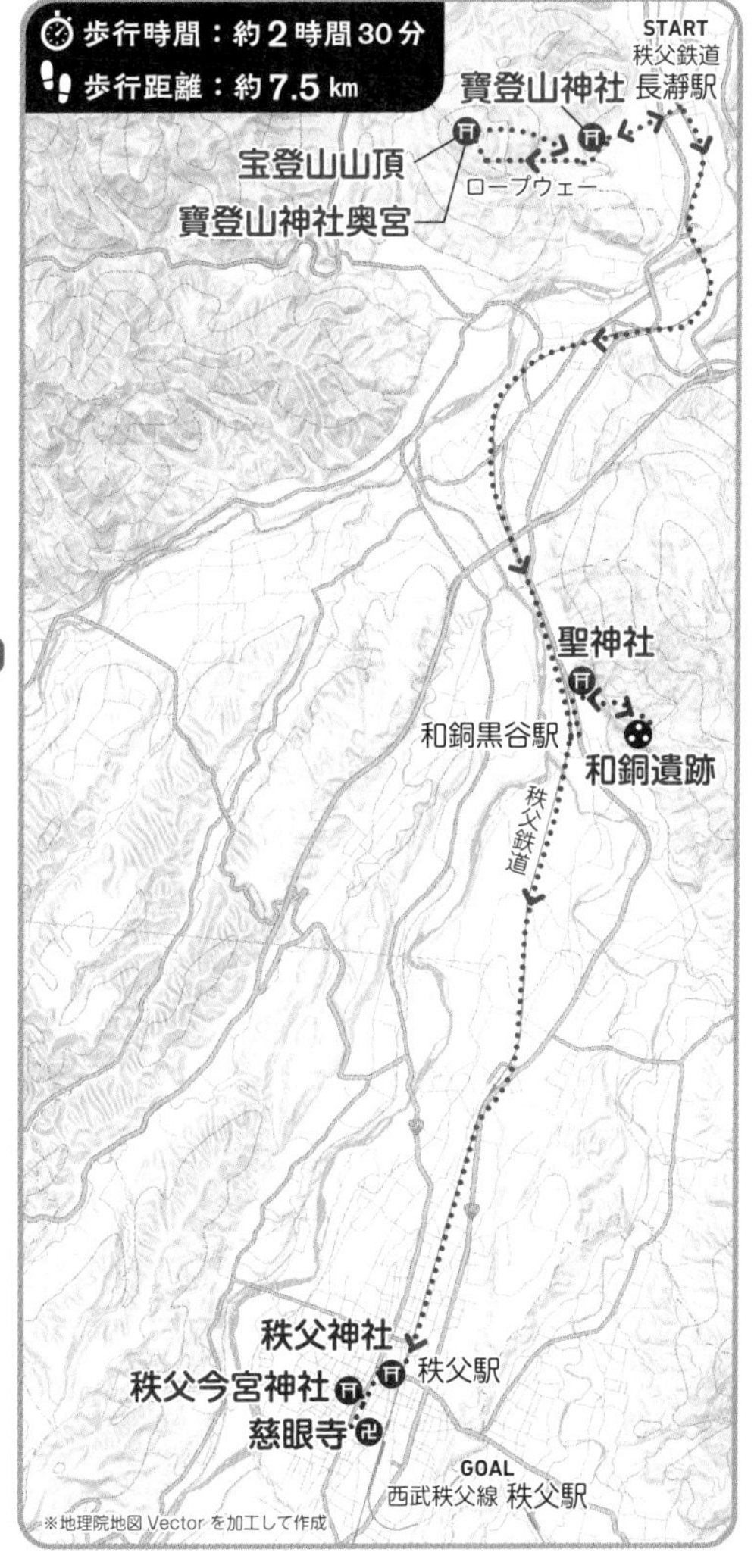

秩父といえば関東屈指のパワースポットとして人気のエリア。特に、三峯神社、寶登山神社、秩父神社の秩父三社は是非とも押さえたいスポットです。今回は、このうちの2社に加え、著者のオススメ神社を、電車も使い比較的サクッと巡拝するコースをご案内します。電車移動が重なるので、余裕をもって早めに出発してください。

レトロなどこか懐かしい
木造の長瀞駅。

目を見張るほどの彫刻が
美しい寶登山神社の社殿。
埼玉県秩父郡長瀞町長瀞1828

スタートは、秩父鉄道長瀞駅。改札を出て少し先に見える大鳥居を目印に、そのまま15分ほど直進で寶登山神社に達します。途中、かき氷で有名な阿佐美冷蔵のカフェもありますから立ち寄ってもよいでしょう。

寶登山神社は、約1900年前の110年創建。御祭神は、神武天皇、大山祇神（おおやまづみのかみ）、火産霊神（ほむすびのかみ）。日本武尊が秩父で突然の山火事にあった際、こつ然と現れた山犬たちが火を消し止め救ってくれたことから、山頂に神様をお祀りしたと伝わっています。そこが現在の奥宮です。なので、特に火災除けのご利益が大きいといわれています。また、神様のお遣いとして犬を大事にしている神社ですので、愛犬家の方は、是非、参拝なさってください。

本殿は、その社殿を囲い込むように施された鮮やかな彫刻が必見です。その裏手には日本武尊がみそぎをしたという泉。ほかに藤谷淵神社、宝玉稲荷

四季折々の花々と秩父の山々が美しい宝登山。まさに、"宝の山に登る"を感じる。

レトロでかわいらしいロープウェーは片道700円。

山道は整備され、下山に迷うことはない。

奥宮の神の遣いの狛犬は、凛々しい姿で迎えてくれる。

神社など境内社を巡拝しましたら、二の鳥居を出て少し坂を上り、約5分で宝登山ロープウェーの山麓駅に達します。宝登山は標高497メートルの低山ではありますが、自らの足で登ると約50分、下山40分ほど。今回は効率重視で登りをロープウェーで。搭乗およそ5分で山頂駅に到着します。山頂駅から山頂まではおよそ10分。ロウバイをはじめ山腹は季節ごとの花々が美しく、多くの方が訪れます。山頂から少し下ったところに奥宮が鎮座しています。参拝を終えたら山道を下り、長瀞駅まで戻ります。

次は秩父鉄道で4駅先の和銅黒谷を目指します。もし乗車までの時間に余裕があれば、長瀞観光の名所、岩畳に足を運んでもいいでしょう。駅から「ラインくだり」の船着き場まで徒歩5分、その周辺から岩畳です。

和銅黒谷は、日本最初の流通貨幣といわれる「和同開珎」の原料の銅が採

聖神社は、金運に特化した銭神様。遠方からも多くの参拝者が訪れる。
埼玉県秩父市黒谷2191

巨大な和同開珎のモニュメント。日本の通貨発祥の地！

豆知識

秩父の黒谷付近で産出された銅は、「にぎあかね」と呼ばれ、精錬が必要ないほど純度が高いものだった。ちなみに当時の和同開珎1文の価値は、大人1日分の労働力程度だったと考えられている。

掘されていた場所。駅から幹線道路・彩甲斐街道に出て左手に5分ほど歩くと「聖神社」の案内板があり、そこを少し入ると間もなく鳥居。聖神社の創建は和銅元（708）年と伝わります。御祭神は、金山彦尊（かなやまひこのみこと）、鉱山や鉱物の神様です。この神社は古くから銭神様と親しまれ、金運のご利益を授かろうと多くの方が訪れます。社殿もお守りも大変分かりやすく、ストレートでいいなあ、と感じます。

聖神社からさらに10分程山側に進むと、かつて銅を採掘していた和銅遺跡に辿り着きます。巨大な和同開珎のモニュメントがまき散らす金運パワーをいただきましたら、駅に戻って2駅先の秩父を目指します。

秩父駅を出て目の前の番場通りを左手に進むと3分ほどで秩父神社前交差点に至ります。秩父神社の歴史は、崇神天皇の時代から伝わります。つまり紀元前の創建。御祭神は、八意思兼（やごころおもいかねの）

本殿の絢爛たる彫刻は必見。　埼玉県秩父市番場町1－3

秩父鉄道の車両

秩父鉄道は、現在の太平洋セメントの前身、秩父セメントが1901年に開業し、1930年に羽生駅から三峰口駅までの全線が開通。宝登山や三峰山以外にも、沿線周辺の山々には多くのハイキングコースが整備され、特にお花見と紅葉のシーズンはにぎわいを見せる。

命、知知夫彦命、天之御中主神、秩父宮雍仁親王の四柱。秩父地方の総鎮守として開運厄除、商売繁盛、合格祈願などのご利益で古くから信仰されています。また、毎年12月の例祭「秩父夜祭」は日本三大曳山祭の一つで、ユネスコの世界無形文化遺産にも登録されています。

大鳥居から入り正面が神門。神門右手に御神木の大銀杏。徳川家康の命により建てられた権現造りの御本殿は、伝説の彫刻師・左甚五郎の作とされる木彫りが見事です。特に、「子育ての虎」「お元気三猿」「北辰の梟」「つなぎの龍」は必見。裏手の天神地祇社は全国の一之宮を中心に75座の神様が分祀されています。

お参りを済ませたら大鳥居を出て右手に進みます。本町交差点を左折。そのまま5分程進むと右手に秩父童子像がある交差点に至り、そこを右手に入れば秩父今宮神社です。この間、カフェやお食事処がいくつもあるので、名物の「わらじカツ丼」や「秩父うどん」などいかがでしょうか。

　秩父今宮神社は、今から1900年程前に、武甲山系の湧水に水神を祀ったことが始祖とされる古社。御祭神は、伊邪那岐大神、伊邪那美大神、須佐之男大神に加え八大龍王神（はちだいりゅうおうしん）など。境内に入るとまず目にするのが霊泉の湧き出る「龍神池」。そしてこの神社のアイコンであり、龍神が住むとされ樹齢1000年と伝わる大けやき「龍神木」。その奥に2019年に竣工したばかりの本殿。ちなみに旧本殿は聖神社の社殿として使用されています。

　龍神様のパワーに満ち満ちた秩父今宮神社を辞し、もと来た秩父童子像のある交差点を右折、少し進むと右手に百貨店のある交差点。そちらを左折して5分程進めば右手に西武秩父駅が見えてきます。この間、眼病快癒のご利益があるとされる薬師瑠璃光如来をお祀りし「目のお寺」として知られる曹洞宗の慈眼寺がありますから、気になる方は立ち寄ってみましょう。ゴールの西武秩父駅には温浴施設が併設され、旅の疲れを癒やすには好都合です。

　このコースは、1日で巡拝すると相当駆け足となりますから、宝登山と秩父市内の2回に分けて訪れてもよいでしょう。また、今回本書では紹介していませんが、秩父三社である三峯神社にも是非足を延ばしていただきたいと思います。

西武秩父駅には飲食店やお土産店のほか、温浴施設も併設。

知々夫ブランド館でいただいたわらじカツ丼。カツの枚数を選べる。
埼玉県秩父市本町2-17

龍が住んでいる、と言われたら皆が納得の秩父今宮神社の龍神木。
埼玉県秩父市中町16-10

江戸庶民の参拝講を疑似体験～大山詣り

丹沢山地は、都心部からも日帰り登山が可能な人気の登山エリア。その東端に位置する大山は、古代から続く山岳信仰の対象です。

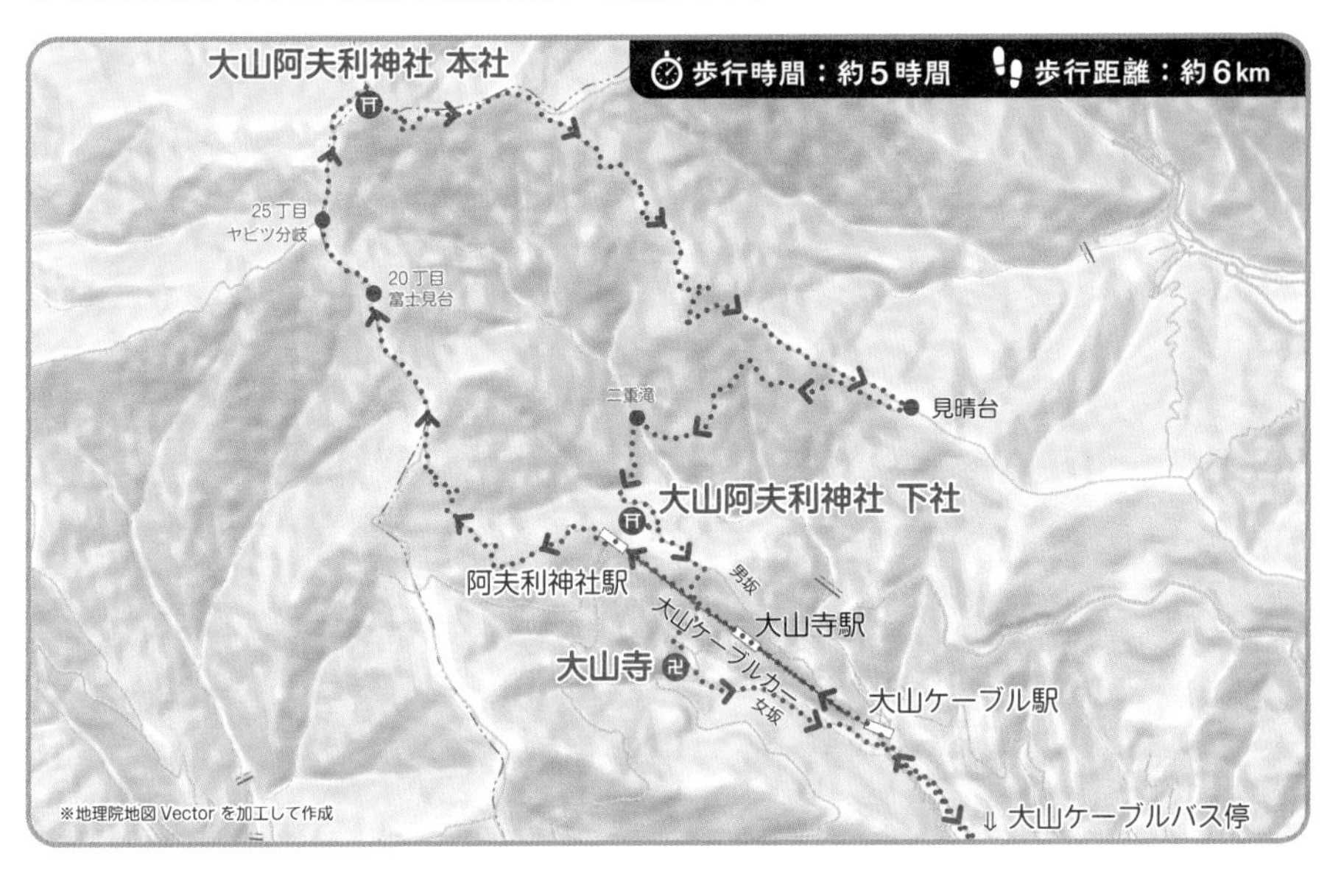

START
小田急線伊勢原駅
↓バス25分
大山ケーブルバス停
↓徒歩15分
大山ケーブル駅
↓ケーブルカー6分
阿夫利神社駅
↓徒歩5分
大山阿夫利神社下社
↓徒歩120分
大山阿夫利神社本社
↓徒歩110分
大山阿夫利神社下社
↓徒歩20分
大山寺
↓徒歩20分
大山ケーブル駅
↓徒歩15分
大山ケーブルバス停
↓バス25分
小田急線伊勢原駅
GOAL

「参拝講」とは、江戸時代、神社やお寺などに参拝するために各地につくられた組織。そのうち、皆でお金を積み立てて代表者が遠方の寺社に参拝するのが「代参講」。伊勢講や富士講がその代表格。一方、比較的近い寺社に全員で揃って参拝するのが「総参り」。たとえば、江戸周辺の人々ならば成田山や御岳山は総参りが多かった様子。とはいえ当時は日帰りとはいきません。長いことお金を貯め、周到な準備のうえ、参拝したのです。いずれにせよ参拝講の対象となる寺社は、昔も人を惹きつける霊験あらたかなパワースポットだったのです。大山阿夫利神社と大山寺は今も続く参拝講の対象で、文化庁の日本遺産にも「大山詣り」が認定されています。かつては富士山と併せて参拝する「両詣り」も盛んでした。

　スタートは、小田急線伊勢原駅。北口から出ている神奈川中央交通「大山ケーブル行」のバスで大山まで向かいます。週末ともなると直行便が出るほどの混みようです。

こま参道には、多くのお土産店や食事処が立ち並び、休憩にオススメ。

大山ケーブルカー

大山阿夫利神社 下社

大山阿夫利神社の大鳥居。奥が拝殿。平日でも多くの人が参拝する。

終点まで乗車し約25分。ここから大山ケーブル駅まで徒歩約15分。この間には、緩やかな上り坂と石段の「こま参道」。なお、神社のトイレは任意のチップ制なので、ケーブル駅や参道に入る前のトイレで済ませておいたほうがよいでしょう。

　ケーブルカーの運行は20分間隔。阿夫利神社駅までの乗車時間は6分。阿夫利神社駅を出て、舗装された参道を道なりに歩き、長く急な石段の先に大鳥居。その奥に鎮座するのが標高約７００メートルに位置する大山阿夫利神社下社。なお、ケーブルカーを利用せずケーブル駅から男坂または女坂を経由して徒歩で下社まで上る場合は、概ね30分です。

　大山阿夫利神社は創建から２２００年以上と伝わる古社。御祭神は、大山祇大神（おおやまつみのおおかみ）、高龗神（たかおかみのかみ）、大雷神（おおいかずちのかみ）の三柱。仕事運や災難除けで知られています。拝殿で参拝を済ませたら、すぐ脇の地下

下社から奥社へは本格的な登山道。登山靴かトレッキングシューズがベター。

大山阿夫利神社 下社拝殿

大山は雨降山ともいわれ、昔は雨乞い祈願で訪れる人も多かったという。

神奈川県伊勢原市大山355

巡拝道に入り、大山の名水として知られる御神水をいただきます。右隣は授与所。さらに右に御神水コーヒーがいただける「茶寮 石尊」。相模湾や遠く房総半島まで見渡せる絶景も評判です。

下社で一息入れたら、山頂に鎮座する本社に向かいます。浅間社、天満宮の奥に登山口があり、登山口手前には本社へ参拝する方へのお祓い場所の「入山祓所」があります（初穂料100円）。自分で祓麻を両手で持ち、左、右、左と体を祓い清めてから登山開始。

神々しい杉の巨木に囲まれて長く急な石段を15分。石段の後は、山道をひたすら登り続けます。ゴロゴロした岩があるので注意が必要です。途中には、「夫婦杉」「天狗の鼻突き岩」。登山口から約1時間で富士見台に到着。結構ハードですが、心身が浄化されていくような気分です。絶景を眺めつつ一休みしたら、さらに岩道を登り続けて約30分、本社鳥居に到着。本社の標高は1252メートル。前社を経て石段を進むと本社が鎮座しています。本社の右側の道を奥に進むと展望広場があり、そこに奥社があります。

休日の本社周辺は、ベンチに座るのも難しいほど混雑することも多いので、山頂でのランチは短時間になります。ゆっくりしたい場合は、平日を選びましょう。

ところで、著者が参った日は、日差

大山寺周辺は紅葉の名所として知られ、秋にはもみじ祭りが開催される。
神奈川県伊勢原市大山724

「茶寮 石尊」からの眺めは登山の疲れを忘れさせてくれる。

しはあったものの、山頂で一休みする頃には雲が出始めて急に寒くなり、さらには雨も降りだしました。山の天気が変わりやすいことを実感させられます。くれぐれも雨具は忘れぬように！

復路は雷ノ峰尾根、見晴台経由で下山。階段が整備されているところも多く、行きより若干緩やかに感じられる長く細い道が続きます。途中には、大山川の源流・二重滝。約2時間で下社へ到着し、「茶寮 石尊」に入り人気の「升ティラミス」で一息。甘すぎず抹茶の苦みと濃厚なチーズの味わいが、疲れた体に染み入る感じです。

続いて大山寺へ向かいます。下社から女坂経由で20分。疲れていたら、ケーブルカーで大山寺駅まで乗車2分。

雨降山大山寺は、755年開山の真言宗の古刹。人々の苦難を除く大山不動として知られ、関東三大不動に列せられることもしばしば。本尊の鉄造不動明王は国の重要文化財です。

本堂で参拝を済ませたら、「かわらけ投げ（土器投げ）」を。かわらけ（2枚300円）を直径2・5メートルの「福輪」めがけて投げます。「一、投げて厄を落とし、二、砕いて厄を払い、三、的を通して願いが叶います」とのこと。

厄を落としたら、大山寺駅方向に向かい、少し脇にそれると十一面観音と幸福の鐘。大山ケーブル駅まではさらに15分の下り。大山ケーブルバス停からゴールの伊勢原駅までバスで戻ります。余裕があれば、バスを途中下車して紀元前655年創建、東日本最古級ともいわれる比々多神社を参拝してもよいでしょう。

なお、読者の皆さんがもし新宿方面から向かうのであれば、「丹沢・大山フリーパス」がオススメ。いちいちチケットを買う手間が省け、区間なら電車もバスもケーブルカーも乗り降り自由。途中下車したり、帰り道に温泉に寄ったりするようなら断然お得です。

プチ登山の後はおしゃれなカフェが待っている！
熱海巡拝

話題となった大河ドラマ「鎌倉殿の13人」。鎌倉、三浦半島をはじめそのゆかりの地を巡る、聖地巡礼が人気です。熱海もそんな聖地の一つで、源頼朝と北条政子のロマンス伝説が残ります。

歩行時間：約2.5時間　歩行距離：約3.5km

START JR熱海駅 ← 徒歩20分 ← 走り湯 ← 徒歩30分 ← 伊豆山神社本殿 ← 徒歩60分 ← 伊豆山神社本宮 ← 徒歩10分 ← 七尾団地バス停 ← バス25分 ← 熱海駅 ← 徒歩20分 ← 來宮神社 ← 徒歩5分 ← JR来宮駅 GOAL

スタートはＪＲ熱海駅。新幹線だと東京駅から最短36分。在来線でも２時間弱の「東京の奥座敷」です。最近は外国人観光客も多く見かけます。まず向かうのは伊豆山神社参道の出発地点、伊豆山浜の日本三大古泉「走り湯」です。

駅の改札を出て左手に進み、バスターミナルを過ぎて坂を道なりに下って行くと国道１３５号にぶつかります。ここを左折し10分ほど進むと、途中に北条政子が身を隠して頼朝の無事を祈ったという「秋戸郷」。間もなく走り湯への標識が見つかります。ここを右

参道はここまでで657段、伊豆山神社はもうすぐ。

走り湯から湧き出す湯は、病気治癒と長寿に効験ありと伝わる。

静岡県熱海市伊豆山604-1

静岡県熱海市伊豆山708-1

それぞれが火と水を司り、力を合わせて湯泉を守護する赤白二龍。

折し下って行くと5分で最初の目的地です。約１３００年前に発見された全国的にも珍しい横穴式の源泉は、中に入って間近で見学することができます。伊豆という地名は、「湯出づる」からきており、その「湯」こそが走り湯なのです。湧き出す霊湯は長寿の湯として篤く信仰され、走湯権現として源頼朝も信奉、その後、伊豆山神社となります。なので、伊豆を語るうえで、走り湯は欠かせない存在なのです。なお、この源泉に上がる階段が、本殿まで８３７段ある参道の出発地で、かつては道路を隔てた浜から石段が続いていたそうです。源泉の少し上に走湯神社。その先は、ひたすら参道の階段を上り続けます。約20分上り続けやっと鳥居に到着。この時点で６５７段、さらに１８０段上って本殿前に達します。標高１７０メートル、ここまで来ると太ももプルプルです。

　関八州総鎮護・伊豆山神社は紀元前

本宮からの眺望。

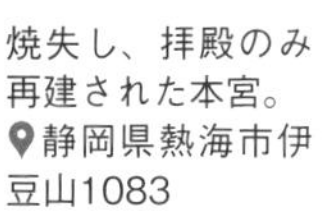
焼失し、拝殿のみ再建された本宮。
📍静岡県熱海市伊豆山1083

本宮までの道はほとんどが山道。トレッキングシューズがベター。

5～4世紀の創建と伝わる古社で、御祭神は、火牟須比命、天之忍穂耳命、栲幡千千姫命、邇邇芸命の四柱。末社の結明神社は縁結びで知られ、梛の葉が付いた「えにし守」も人気。

手水舎には湯泉の守り神「赤白二龍」。その先の両側に大きな石が。手前は、触ったり座ったりすると神様が光のパワーを授けてくださる「光石」。奥には、頼朝と政子が腰を掛け逢瀬を重ねたという「腰掛け石」。このことからも縁結び、恋愛成就の神社として知られています。威厳を感じさせる本殿で参拝しましたら、本殿右奥へと進みます。すると白山神社遥拝所脇に山道が見えてきます。こちらから白山神社を経由して本宮を目指します。

山道を上り下りすること約1時間で本宮社に達します。その手前に、結明神本社。ちなみに本宮は標高約380メートル。今度はふくらはぎがパンパンです。ここでしっかり参拝を済ませましたら選択肢は二つ、もと来た道を戻って伊豆山神社鳥居前に出てバスを待つか、本宮社左側の道を下り10分ほど進み「七尾団地」バス停でバスを待つか、です。バスは1時間に1本程度。著者は、バス停で給水を兼ねて一休みしました。

熱海駅までは25分ほど。熱海駅に着いたら、早速次なる目的地、來宮神社を目指します。もし疲れている場合は、JR伊東線に乗車し、隣の来宮駅から行くとよいでしょう。熱海駅前右手にあるアーケード街を通り抜け、道なりに進んでゆくと來宮神社の標識がいくつかありますから迷うことはありません。およそ20分で、こんもりとした木々の間に來宮神社の鳥居が見えてきます。

当社は和銅3（710）年創建と伝わる古社。御祭神は、日本武尊、五十猛命、大己貴命。全国には來宮神社が44ヶ所あり、その総社です。本殿

にぎやかで少しレトロなアーケード街でのランチもオススメ。

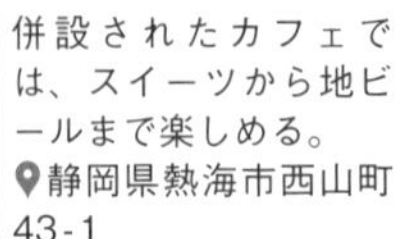
併設されたカフェでは、スイーツから地ビールまで楽しめる。
📍静岡県熱海市西山町43-1

周辺は大楠の発する霊気に満たされているよう。

で参拝したら、境内奥の大楠のもとへ。周囲約24メートル、樹齢は2100年以上。国の天然記念物であり、この神社のシンボルです。幹の周りを1周すると寿命が1年延びる、願い事を思いながら1周するとその願い事が叶う、との伝説のあるパワースポットです。鳥居をくぐった先の右手にある第二大樟は、江戸時代に落ちた雷により、幹がえぐれたにもかかわらず、現在まで命をつなぐその生命力に圧倒されます。

そして大楠にもまして注目すべきは、境内に4ヶ所あるカフェ。これがかなりいい感じで、このカフェ目当てに参拝に訪れる方も多いとか。特に、「茶寮 報鼓」の「来福スイーツ」にこだわりのコーヒーをオープンテラスでいただくと、ここは表参道か青山か、と錯覚するほど。また、地ビールにイカメンチといったメニューもあって、神様のご利益に地元グルメの両方がいただける誰しも満足の神社です。

帰路は、鳥居を出て徒歩5分、ゴールのJR来宮駅。來宮神社でスイーツをいただきましたので、参拝を入れてスタートから約4時間。熱海駅までぶらぶら歩いて戻ってもよいでしょう。熱海駅の周辺には日帰り温泉がいくつかあるので、ハイク疲れを癒やすには最適です。

巨大奇岩と富士山のＷパワー～石割山

山頂からの富士山の眺望は山梨一、ともいわれる石割山。そして、巨岩をご神体とする神社。新宿から高速バスで約2時間半。早めに出ると夕方には都内に戻れる、山岳パワースポットです。

歩行時間：約３時間
歩行距離：約4.5km

石割山山頂
石割神社
平尾山
富士見平
石割の湯
石割山登山口
寿徳院
平野天満宮
山中湖
START
山中湖平野バス停
GOAL
※地理院地図 Vector を加工して作成

START 山中湖平野バス停 ←徒歩5分← 石割山入口 ←徒歩20分← 石割山登山口 ←徒歩20分← 富士見平 ←徒歩30分← 石割神社 ←徒歩20分← 石割山山頂 ←徒歩50分← 石割山登山口 ←徒歩25分← 山中湖平野バス停 GOAL

富士五湖は言わずと知れた首都圏でも人気の観光エリア。様々なハイキングコースが整備され、そのほとんどから雄大な富士山を望むことができます。しかも、都心からの公共交通機関での便がいいので、週末ともなるとバスの予約に苦労するほどです。そんな富士五湖近郊のハイキングコースでも屈指の人気を誇るのが石割山です。

バスタ新宿からの高速バスで、スタート地点の山中湖平野バス停に向かいます。観光案内所やコンビニもありなにかと便利です。目の前の国道413号、通称・道志みちを左手に5～6分

石割神社のご神体の高さは約15メートル。
📍山梨県南都留郡山中湖村平野1979

平野バス停には観光案内所が併設されている。
📍山梨県都留郡山中湖村平野69

石割山登山口。しばらくは石段が続く。

この不動明王社の先に登山口。

富士見平

長い石段を上り切ると富士見平。東屋で小休止。

ほど進むと左手に不動明王社。その脇に石割神社の石塔が見つかります。石割山入口です。ここを折れてさらに20分ほど進むと右手の木橋の奥に石割神社の朱色の鳥居。石割山登山口です。左手には公衆トイレがあります。

鳥居をくぐるとすぐに整備された石段が果てしなく続き、一気に高さを稼ぎます。後で確認したら４０３段とのことで、結構なハードワーク。ゆっくりと上ります。石段の終点が富士見平で、ちょうどいい具合に東屋がありますから、ちょっとした達成感に浸りながら小休止します。

さらに山道を登ってゆくこと約30分で石割神社に達します。御祭神は、天手力男命（あめのたぢからおのみこと）。力持ちの神様。開運・武運・医薬等のご利益で知られます。社の奥に鎮座する巨大な岩がご神体。古事記にある「天の岩戸」伝説の地とも伝わる巨岩は、中央から真っ二つに割れています。このすき間を3回通り抜

山頂からの富士山の眺望は山梨屈指。

人一人がやっと通れるほどの
岩のすき間を３周。

石割神社から石割
山山頂までは本格
的登山道。

けることで、願いが成就するという言い伝えがあり、休日は順番待ちになることも。参拝し、３回通ってお願い事を済ませたら、脇の登山道から山頂を目指します。

登山道はキチンと道がついていますが、足場の悪い箇所もあるので、特に雨の後は注意が必要です。標高１４１３メートルの山頂には、神社から20分ほどで達します。山頂は広場になっており、ランチ休憩には好適。そしてなにより、ここから正面に望む富士山の素晴らしさ。左下には山中湖、右手奥には南アルプスまで望める贅沢な空間なのです。富士山はじめ山々のパワーが降り注がれているかのようです。

帰路は来た山道をそのまま戻ります。同じ道を通りたくないという場合には、山頂から平尾山経由のハイキングコースからも平野バス停に抜けられます。また、石割神社を通過し富士見平に達したら、今度は石段ではなく東屋側の山道を下ってゆきます。20分ほどで、山中湖温泉「石割の湯」。こちらで汗を流してもよいでしょう。石割の湯から平野バス停まで徒歩15分。

昼食を入れてのコースタイムは約３時間半。神々しい巨岩と富士のパノラマのセットが魅力の石割山は、富士五湖や忍野八海などの周遊の際にも組み込むべきパワースポットと断言できます。

本書最難関?! 山々に抱かれて 身も心もリフレッシュ～武蔵御嶽神社

御嶽山は、一都四県にまたがる秩父多摩海国立公園の東端に位置し、東京でありながら緑と水の大自然にどっぷりと浸かることができます。

START
JR御嶽駅
↓バス10分
滝本駅
↓ケーブルカー6分
御岳山駅
↓徒歩10分
産安社
↓徒歩25分
武蔵御嶽神社
↓徒歩60分
男具那社
↓徒歩10分
奥の院
↓徒歩75分
綾広の滝
↓ロックガーデン経由30分
天狗岩
↓徒歩15分
七代の滝
↓徒歩55分
長尾平展望台
↓徒歩15分
御岳山駅
↓ケーブルカー6分
滝本駅
↓バス10分
JR御嶽駅
GOAL

修験道は、古代からの山岳信仰に、海外から伝来した仏教の要素が加わって成立した日本独自の信仰です。その修行の舞台が神聖視される霊山で、高尾山や三峰山をはじめ関東近郊にいくつかあり、本書でも一部紹介してきました。ここで紹介する武蔵御嶽神社とその一帯も、修験者の厳しい修行の場として知られ、木曽の御嶽神社、甲州の御嶽（金櫻神社）とともに日本三御嶽に列せられる聖地。ちなみに前の2社は「オンタケ」、武蔵は「ミタケ」と読みます。この武蔵御嶽神社に著者が参ったのは新緑の5月。この季節に

ケーブルカーの最大勾配は25度で、関東一の急勾配。

レトロな雰囲気のJR御嶽駅。周辺にお店は少ない。

安産杉など巨木に囲まれて鎮座する産安社。

本殿参拝だけで済ませるのは実にもったいない！　ということで、奥の院や今なお修行が行われる霊験あらたかな滝などにも足を延ばしてみました。読者の皆さんも少しハードワークとなりますが、是非チャレンジをしてみてください。

スタートは、JR青梅線御嶽駅。駅の前の道を渡ったところに西東京バスの停留所があり、ここから御岳山登山鉄道の滝本駅へ。ケーブルカーに乗車約6分で御岳山駅に到着します。バスに乗らずに御嶽駅から滝本駅へは約3キロ。ケーブルカーに乗らずに御岳山駅までは上り3・5キロ。JRを下車してからの乗り継ぎも良いバス～ケーブルカールートがオススメです。

今回は、御岳山駅から産安社（うぶやすしゃ）経由で御岳神社に向かいます。御岳神社参道入口とは反対側から少し上ると、産安社への参道が見つかります。入口には希少植物保護のため囲いができていますが簡単に出入りできます。文治年間（1185-1189）、源頼朝の創建と伝わるこのお社は、縁結び、子授け、安産の神様として古くから篤い信仰を集めています。境内には「安産杉」「子授け檜」「夫婦杉」があり、この三神木から併せてパワーをいただくことができます。

産安社から武蔵御嶽神社までは山道を約25分。山道を抜け食事処や宿坊が立ち並ぶ御師集落を通過。この間にあ

長い石段には天邪鬼(あまのじゃく)がはめ込まれ、この段を踏むことで邪気が祓われるという。

神代けやき

武蔵御嶽神社は、櫛真智命(くしまちのみこと)、蔵王権現などをお祀りする。
東京都青梅市御岳山176

大口真神社

る、国の天然記念物、一説には樹齢1000年以上とされる神代けやきは、押さえたいパワースポットの一つ。この先、茶店が続く道を抜けると大鳥居。手前に手水舎、石段の先にかつて仁王門だった「随身門」。数々の「講」の記念石碑を両脇にさらに石段を上り、銅鳥居を経て入母屋造りの幣拝殿に達します。標高929メートル、御岳山のピークです。

武蔵御嶽神社の創建は紀元前91年。奈良時代の名僧・行基が天平8(736)年に勧請したと伝わる秘仏・蔵王権現像は、12年に一度御開帳されます。強力な災難除けの神様への参拝を済ませ、裏手に回り境内社を巡拝。中でも欠かせないのが、最奥に鎮座し、安産・子授けのご利益で知られる大口真神社(おおぐちまがみしゃ)。おいぬ様とも呼ばれ、特に愛犬家からの信仰が篤いことで知られます。社の両脇の狛犬は、まさに勇猛なオオカミの姿。この社の後方に、整った山

1077メートルの奥の院峰には三角点。

神がかった容姿の天狗の腰掛け杉。奥の院への入口でもある。

奥の院峰の祠

容が美しい奥の院を望む遥拝所。

通常の御嶽神社参拝はここまで。このまま辞しても十分なパワーをいただいているのですが、今回はさらに奥の院を目指します。

拝殿を少し下って整備された山道を大岳山方面に進み5分ほどで「天狗の腰掛け杉」のユニークな姿が目に入ります。その後方に鳥居。ここから登山道を上り下りすること約1時間で、まず男具那社（おぐなしゃ）に達します。なお、この山道、道はキチンとついていますが、クサリ場あり急登ありの本格的登山道。最低でもトレッキングシューズ、できれば登山靴で臨むべきです。また、複数人での行動を強くオススメします。

日本武尊をお祀りする男具那社は、武蔵御嶽神社の摂社で、修験者たちの修行の拠点の一つ。この男具那社は奥の院峰の中腹にあり、奥の院はさらにここから10分ほど登った奥の院峰山頂に鎮座します。山頂からの雄大な景色は素晴らしいと聞いたのですが、残念ながら木々に覆われ望むことはできませんでした。その代わり、杉の巨木に囲まれてデトックスされた気分です。

参拝を終えたら来た登山道を鳥居まで戻ります。この間、下りが続きますが、特に木の根に足を取られぬよう注意が必要です。鳥居まで戻り、さらに3時間歩き続ける元気がある方のみ、続くコースにチャレンジです。自信のない方は、無理をせず次の機会に。

著者はここで同行者と別れ、今度は

長尾平展望台
長尾平からの眺望は素晴らしく、疲れを癒やしてくれる。

急勾配の鉄階段。滑りやすい。ロープを使って上り下りする場所もあるので注意。

天狗岩

七代の滝

天狗の腰掛け杉を大岳山方面へ進みます。約20分で公衆トイレ。さらに進むと滝行で知られる綾広の滝入口に達します。ここを入り清流沿いを進めば、そこがロックガーデンです。せせらぎと緑との調和が美しい遊歩道は、まるでマイナスイオンのトンネルを歩くかのよう。しばらく進むとトイレや休憩所があり、さらに進んで天狗岩。

ここから道をさらに下って行くこと15分でパワースポットとして知られる七代の滝。この間、長く急な鉄階段があり、滑りやすいので注意が必要です。滝の強いマイナスイオンを浴びたら、御嶽神社までの帰路につきます。約55分間の登山道、それも急登の連続で、このコース最後の難関となります。ゆっくり休み休み進みましょう。舗装された神社参道まで到達したら、再度、御嶽神社にご挨拶してもよし、眺望の素晴らしい長尾平展望台に立ち寄ってもよし。著者は後者を選択。

再び御岳山駅に戻り、茶屋で一服した頃にはケーブルカーの乗車時間。滝本駅でバスに乗り換えてJR御嶽駅でゴール。

このルートは、参拝と休憩を入れて約6時間。この間、山道を長く歩きますから、ある程度の覚悟と準備が必要です。すべてを回れば、おそらく本書で紹介したコースの中では最もハードなコースです。特に奥の院やロックガーデンまで訪れる場合は、登山に適したスタイルは当然ながら、十分な飲料や歩行食、雨具なども用意すべきです。帰路にはヘトヘトになるかもしれませんが、それだけ充実感と得られるパワーも大きいと感じられるはずです。

MEMO

コース	年　月　日	天　気	歩数／時間	メ　モ
31	年 月　日		歩 時間	
32	年 月　日		歩 時間	
33	年 月　日		歩 時間	

コース	年　月　日	天　気	歩数／時間	メ　モ
25	年 月　日		歩 時間	
26	年 月　日		歩 時間	
27	年 月　日		歩 時間	
28	年 月　日		歩 時間	
29	年 月　日		歩 時間	
30	年 月　日		歩 時間	

コース	年　月　日	天　気	歩数／時間	メ　モ
19	年 月　日		歩 時間	
20	年 月　日		歩 時間	
21	年 月　日		歩 時間	
22	年 月　日		歩 時間	
23	年 月　日		歩 時間	
24	年 月　日		歩 時間	

コース	年　月　日	天　気	歩数／時間	メ　モ
13	年 月　日		歩 時間	
14	年 月　日		歩 時間	
15	年 月　日		歩 時間	
16	年 月　日		歩 時間	
17	年 月　日		歩 時間	
18	年 月　日		歩 時間	

コース	年　月　日	天　気	歩数／時間	メ　モ
7	年 月　日		歩 時間	
8	年 月　日		歩 時間	
9	年 月　日		歩 時間	
10	年 月　日		歩 時間	
11	年 月　日		歩 時間	
12	年 月　日		歩 時間	

ウォーキングの記録

コース	年　月　日	天　気	歩数／時間	メ　モ
1	年 月　日		歩 時間	
2	年 月　日		歩 時間	
3	年 月　日		歩 時間	
4	年 月　日		歩 時間	
5	年 月　日		歩 時間	
6	年 月　日		歩 時間	

対　象	住　所
日光二荒山神社	栃木県日光市山内2307
瀧尾神社	栃木県日光市山内2310-1
日光東照宮	栃木県日光市山内2301
13　川越巡拝	
川越八幡宮	埼玉県川越市南通町19-3
出世稲荷神社	埼玉県川越市松江町1-512
喜多院	埼玉県川越市小仙波町1-20-1
日枝神社	埼玉県川越市小仙波町1-4-1
三芳野神社	埼玉県川越市郭町2-25-11
川越氷川神社	埼玉県川越市宮下町2-11-3
蓮馨寺	埼玉県川越市連雀町7-1
川越熊野神社	埼玉県川越市連雀町17-1
14　東国三社①	
息栖神社	茨城県神栖市息栖2882
鹿島神宮	茨城県鹿嶋市宮中 2306-1
15　東国三社②	
観福寺	千葉県香取市牧野1752
香取神宮	千葉県香取市香取1697-1
16　三嶋大社	
三嶋大社	静岡県三島市大宮町2-1-5
17　玉前神社	
玉前神社	千葉県長生郡一宮町一宮3048
18　成田山新勝寺	
成田山新勝寺	千葉県成田市成田1
19　江島神社・遊行寺	
江島神社	神奈川県藤沢市江の島2-3-8
遊行寺	神奈川県藤沢市西富1-8-1
20　寒川神社	
寒川神社	神奈川県高座郡寒川町宮山3916
宮山神社	神奈川県高座郡寒川町宮山3854
21　氷川三社巡り	
大宮氷川神社	埼玉県さいたま市大宮区高鼻町1-407
中山神社	埼玉県さいたま市見沼区中川143
氷川女體神社	埼玉県さいたま市緑区宮本2-17-1
22　都下の二大寺社	
大國魂神社	東京都府中市宮町3-1
高幡不動尊金剛寺	東京都日野市高幡733
23　鎌倉アルプス(天園コース)	
鶴岡八幡宮	神奈川県鎌倉市雪ノ下2-1-31
円応寺	神奈川県鎌倉市山之内1543
建長寺	神奈川県鎌倉市山之内8
瑞泉寺	神奈川県鎌倉市山二階堂710
鎌倉宮	神奈川県鎌倉市二階堂154
荏柄天神社	神奈川県鎌倉市山二階堂74

対　象	住　所
24　鎌倉アルプス(源源氏山コース)	
円覚寺	神奈川県鎌倉市山ノ内409
東慶寺	神奈川県鎌倉市山ノ内1367
浄智寺	神奈川県鎌倉市山ノ内1402
葛原岡神社	神奈川県鎌倉市梶原5-9-1
銭洗弁財天宇賀福神社	神奈川県鎌倉市佐助2-25-16
佐助稲荷神社	神奈川県鎌倉市佐助2-22-12
鎌倉大仏殿高徳院	神奈川県鎌倉市長谷4-2-28
長谷寺	神奈川県鎌倉市長谷3-11-2
御霊神社	神奈川県鎌倉市坂ノ下4-9
成就院	神奈川県鎌倉市極楽寺1-1-5
25　箱根三社巡り	
箱根神社	神奈川県足柄下郡箱根町元箱根80-1
箱根元宮(奥宮)	神奈川県足柄下郡箱根町元箱根 駒ヶ岳山頂
九頭竜神社(本宮)	神奈川県足柄下郡箱根町防ケ沢(箱根九頭龍の森内)
26　高尾山	
薬王院	東京都八王子市高尾町2177
27　筑波山	
筑波山神社	茨城県つくば市筑波1
28　鋸山日本寺	
日本寺	千葉県安房郡鋸南町鋸山
29　宝登山から秩父市内へ	
寶登山神社	埼玉県秩父郡長瀞町長瀞1828
聖神社	埼玉県秩父市黒谷2191
秩父神社	埼玉県秩父市番場町1-3
秩父今宮神社	埼玉県秩父市中町16-10
慈眼寺	埼玉県秩父市東町26-7
30　大山詣り	
大山阿夫利神社(下社)	神奈川県伊勢原市大山355
大山寺	神奈川県伊勢原市大山724
31　熱海巡拝	
走り湯	静岡県熱海市伊豆山604-1
伊豆山神社	静岡県熱海市伊豆山708-1
來宮神社	静岡県熱海市西山町43-1
32　石割山ハイク	
石割神社	山梨県南都留郡山中湖村平野1979
33　武蔵御嶽神社	
武蔵御嶽神社	東京都青梅市御岳山176

寺社住所一覧

対象	住所
1 皇居を歩く	
皇居	東京都千代田区1-1
2 ぐるっと赤坂	
豊川稲荷 東京別院	東京都港区元赤坂1-4-7
乃木神社	東京都港区赤坂8-11-27
赤坂氷川神社	東京都港区赤坂6-10-12
日枝神社	東京都千代田区永田町2-10-5
3 芝～虎ノ門 歴史街道	
芝大神宮	東京都港区芝大門1-12-7
芝東照宮	東京都港区芝公園4-8-10
増上寺	東京都港区芝公園4-7-35
愛宕神社	東京都港区愛宕1-5-3
虎ノ門 金刀比羅宮	東京都港区虎ノ門1-2-7
4 早稲田通り	
靖国神社	東京都千代田区九段北3-1-1
築土神社	東京都千代田区九段北1-14-21
東京大神宮	東京都千代田区富士見2-4-1
善國寺	東京都新宿区神楽坂5-36
赤城神社	東京都新宿区赤城元町1-10
穴八幡宮	東京都新宿区西早稲田2-1-11
放生寺	東京都新宿区西早稲田2-1-14
5 御茶ノ水根から根津、白山	
東京復活大聖堂 (ニコライ堂)	東京都千代田区神田駿河台4-1
湯島聖堂	東京都文京区湯島1-4-25
神田神社	東京都千代田区外神田2-16-2
湯島天満宮	東京都文京区湯島3-30-1
旧岩崎邸庭園	東京都台東区池之端1-3-45
日本基督教団 根津教会	東京都文京区根津1-19-6
根津神社	東京都文京区根津1-28-9
白山神社	東京都文京区白山5-31-26
6 深川散策	
富岡八幡宮	東京都江東区富岡1-20-3
永代寺	東京都江東区富岡1-15-1
深川不動堂	東京都江東区富岡1-17-13
法乗院 深川えんま堂	東京都江東区深川2-16-3
心行寺	東京都江東区深川2-16-7
清澄庭園	東京都江東区清澄3-3-9
7 日本橋七福神巡り	
水天宮	東京都中央区日本橋蠣殻町2-4-1
茶ノ木神社	東京都中央区日本橋人形町1-12-10
小網神社	東京都中央区日本橋小網町16-23
椙森神社	東京都中央区日本橋堀留町1-10-2
笠間稲荷神社 東京別社	東京都中央区日本橋浜町2-11-6
末廣神社	東京都中央区日本橋人形町2-25-20
松島神社	東京都中央区日本橋人形町2-15-2
8 浅草名所七福神巡り	
浅草寺	東京都台東区浅草2-3-1
浅草神社	東京都台東区浅草2-3-1
待乳山聖天	東京都台東区浅草7-4-1
今戸神社	東京都台東区今戸1-5-22
橋場寺不動院	東京都台東区橋場2-14-19
石浜神社	東京都荒川区南千住3-28-58
吉原神社	東京都台東区千束3-20-2
鷲神社	東京都台東区千束3-18-7
矢先稲荷神社	東京都台東区松が谷2-14-1
9 谷中七福神巡り	
東覚寺	東京都北区田端2-7-3
青雲寺	東京都荒川区西日暮里3-6-4
修性院	東京都荒川区西日暮里3-7-12
長安寺	東京都台東区谷中5-2-22
天王寺	東京都台東区谷中7-14-8
護国院	東京都台東区上野公園10-18
寛永寺	東京都台東区上野桜木1-14-11
上野東照宮	東京都台東区上野公園9-88
不忍池弁天堂	東京都台東区上野公園2-1
10 元祖山手七福神巡り	
瀧泉寺 (目黒不動尊)	東京都目黒区下目黒3-20-26
蟠竜寺	東京都目黒区下目黒3-4-4
大円寺	東京都目黒区下目黒1-8-5
妙円寺	東京都港区白金台3-17-5
瑞聖寺	東京都区白金台3-2-19
覚林寺清正公	東京都港区白金台1-1-47
11 港七福神巡り	
宝珠院	東京都港区芝公園4-8-55
飯倉熊野神社	東京都港区麻布台2-2-14
久国神社	東京都港区六本木2-1-16
天祖神社	東京都港区六本木7-7-7
櫻田神社	東京都港区西麻布3-2-17
麻布氷川神社	東京都港区元麻布1-4-23
大法寺	東京都港区元麻布1-1-10
十番稲荷神社	東京都港区麻布十番1-4-6
麻布山善福寺	東京都港区元麻布 1-6-21
12 世界遺産・日光散歩	
本宮神社	栃木県日光市山内2300
輪王寺	栃木県日光市山内2300

著者紹介：高橋 志保（たかはし・しほ）
開運ウォーキニスト。
1967年、東京都出身。短大卒業後、約20年間にわたり複数の企業に勤務。この間、出産・子育てを経験。出産後変化した体型リセットを目的に、ウォーキングを学び20代の頃の体型を取り戻す。近年はパワースポット巡りにも精力的に取り組み、関東を中心にのべ2000以上の寺社を訪問。
現在、ウォーキング講師として活動するとともに、開運ウォーキングツアーも定期的に実施している。一般社団法人ポスチャーウォーキング協会認定ポスチャースタイリスト®。

Instagram

Let's Go！ 開運ウォーキング
公共機関で巡る首都圏日帰り33開運コース

2023年11月28日　第1刷発行

著　者　高橋志保
装　幀　ヒサトグラフィックス
発行人　高橋 勉
発行所　株式会社 白秋社
〒102-0072
東京都千代田区飯田橋4-4-8 朝日ビル5階
電話　03-5357-1701　https://www.hakusyusya.co.jp
発売元　株式会社 星雲社（共同出版社・流通責任出版社）
〒112-0005
東京都文京区水道1-3-30
電話　03-3868-3275／FAX　03-3868-6588
本文組版　朝日メディアインターナショナル株式会社
印刷・製本　モリモト印刷株式会社
カバーイラスト　金子 茜

ISBN 978-4-434-32879-4